Die 1829 gegründete DDSG, die Erste Donau-Dampfschiffahrts-Gesellschaft, entwickelte sich bis zu den 1880er-Jahren zur größten Binnenreederei der Welt. Die DDSG verfügte damals über 200 Dampfschiffe, 1.000 Güterkrähne, eigene Schiffswerften sowie ein Kohlebergwerk.

Alltagsgeschichten aus der alten
Leopoldstadt

SUTTON

Der beliebte und farbenprächtige Blumenkorso in der Hauptallee des Praters geht auf das Jahr 1886 und eine Initiative von Fürstin Pauline von Metternich zurück.

Thomas Hofmann

Archivbilder

Alltagsgeschichten aus der alten Leopoldstadt

SUTTON

Bild- und Literaturnachweis

Titelbild und Vorsatz: Blick stadtauswärts auf die Praterstraße mit dem 1896/1897 errichteten „Alliiertenhof" (Nr. 33) und die Johann-Nepomuk-Kirche, die am 18. Oktober 1846 geweiht wurde.
Seite 83: Wikimedia.
Nachsatz: Grundriss der Haupt- u. Residenz-Stadt Wien mit sämtlichen Vorstädten, 1858, Wien. (Ausschnitt, Archiv der Geologischen Bundesanstalt).
Umschlag hinten: Das 1881 errichtete Gebäude des „Circus Busch" im Prater.
Alle anderen Abbildungen stammen aus der Sammlung Thomas Hofmann.

Zeitungstexte: ANNO – Austrian Newspapers Online, http://anno.onb.ac.at
Literatur: Czeike, F.: Historisches Lexikon Wien. – 6 Bde., Kremayr & Scheriau/Orac, 2004, Wien.

Der Autor

Thomas Hofmann, Jahrgang 1964, wurde in Wien geboren. Er ist Leiter der Bibliothek des Verlages und des Archivs der Geologischen Bundesanstalt, Autor zahlreicher Bücher und lebt in der Leopoldstadt in Wien.

Impressum

Sutton Verlag GmbH
Hochheimer Straße 59
99094 Erfurt
www.suttonverlag.de
Copyright © Sutton Verlag, 2014

Verlagsrepräsentanz Österreich
Obkirchergasse 21/7
A-1190 Wien
www.suttonverlag.at

ISBN: 978-3-95400-476-8

Druck: Florjančič Tisk d.o.o. / Slowenien
Gestaltung und Herstellung: Sutton Verlag

Inhaltsverzeichnis

Erlesene Leopoldstadt: Sichtweisen eines Bezirkes	7
Der Prater 1766: „von nun an, zu allen Zeiten"	9
Anno 1916: 150 Jahre Prater	10
Riesenrad: „höchste Hutschen"	14
Riesenrad: „eingestellt" und „gepfändet"	18
Von der „Scenic Railway" zur Hochschaubahn	20
Laute Musik im „Walfisch"	22
Zirkus Busch, Krone, Beketow und andere	24
Schweizerhaus: „Der Schaum … ein Produkt des Bieres selbst"	26
„Zum Eisvogel"	28
Das Dritte Kaffeehaus	30
Eigenartige Diebstahlsaffäre	32
Familiendrama: sterbende Frau und totes Mädchen	34
Tod beim Tennis in der Prinzenallee	36
Das Ereignis des Tages: eine „Erdwarze"	38
Sacherteich am Konstantinhügel: „Sturz in das kalte Wasser"	40
Landpartien zum Lusthaus	42
Eine Maifahrt zum Lusthaus	44
Ein Tag auf der Wiener Weltausstellung	46
Krieau: „würdige Trabbahn"	48
Praterpoesie im „Kikeriki"	50
k. k. Augarten: „häufig besuchte Morgenconcerte"	52
„O Augarten, laß dich beweinen!"	54
Der Kaiserjubiläumsfestzug: die Leopoldstädter Sicht	56
Karmeliterkirche: „Leichenbegängniß" und Liebesdrama	60
Ein aktiver Gebetsverein in der Leopoldskirche	62
Barmherzige Brüder: „Haus, das seit 300 Jahren der Nächstenliebe dient"	64

Butterbetrüger im „Sächsischen Hof"	66
Erster Weltkrieg: Not macht „erfinderisch"	68
Volkertmarkt: „… Petersil gibts net unter drei Heller."	70
„Gänzliche Umarbeitung des ursprünglichen Projektes"	72
Nordbahnhof: „Der König war auf die Plattform getreten …"	74
Tegetthoff-Denkmal: Enthüllung „ohne Rücksicht auf das Wetter"	76
Carl-Theater: „schöne Conception"	78
Vorauseilender Gehorsam an „zwei leichtfertigen Dämchen"	80
Tempel: „von einem furchtbaren Brand eingeäschert"	82
Das erste Dianabad: „krystallhelles Wasser"	84
Das zweite Dianabad: „der großartigste Bade-, Hotel- und Restaurant-Palast"	86
Stefaniebrücke: „Rettung der Unglücklichen"	88
Stephaniebrücke: „Aufhalten! Aufhalten!"	90
Aspernbrücke: „direkt im Zuge der Ringstraße"	92
Untere Donaustraße: „trocken behandelt"	94
Die Folgen der Donauregulierung für die Schiffmühlen	96
Maria-Grün: „nahe dem Lusthaus"	98
Die alte Reichsbrücke: „Jeder Umbau … ist unrationell"	100
Erzherzog-Karlplatz: „Kirchliches Bauwerk, das in Wien keine Vorbilder hat"	102
Der Eisstoß: „Wanderziel vieler Tausender"	104
Lasalle-Hof: Vor- und Rücksprünge in der Fassade	106
Blindeninstitut: 250 freiwillige Mitarbeiter in der Bibliothek	108
Sängerbundfest: „Festplatz auf der Jesuitenwiese"	110
Sängerfest: „… Umsätze, wie sie hier noch nie gemacht wurden."	112
Heimsiege für das Wunderteam	114
Eine Elementarkatastrophe: „Die Rotunde brennt!"	116
Reichsbrücke: „das größte technische Werk Oesterreichs"	118

Erlesene Leopoldstadt:
Sichtweisen eines Bezirkes

„Hereinspaziert, treten Sie ein in das Panoptikum der Leopoldstadt!" So oder so ähnlich hätten im ausgehenden 19. Jahrhundert Ausrufer im Wiener Prater dieses Buch angepriesen. Tatsächlich versetzt diese Sammlung historischer Zeitungsausschnitte und Ansichtskarten zurück in die vielfach gepriesene „gute alte Zeit". Gleich einem bunten Blumenstrauß werden in Form einer Anthologie wichtige, aber auch scheinbar nebensächliche Ereignisse des Alltags, an bekannten Plätzen und Orten, aber auch an Nebenschauplätzen aufgegriffen und dem Vergessen entrissen. Das Vorurteil, dass alte Zeitungen uninteressant sind, mag – wenn überhaupt – nur dann eine Berechtigung haben, wenn es sich um die Blätter von gestern oder vorgestern handelt. Wenn die Meldungen aber 80, 90 oder gar älter als 100 Jahre sind und den Leser in längst vergangene Zeiten zurückführen, dann wird die Zeitung der Ururgroßväter wieder interessant. Treten diese Berichte, Reportagen oder Feuilletons mit Bildern von damals in einen Dialog, wird Geschichte lebendig und authentisch.

Einmal möge – und zwar im Zusammenhang mit den hier verwendeten Bildern – das Wort Sichtweise noch strapaziert werden. Bewusst wurden hier ausschließlich historische Ansichtskarten zur Illustration gewählt. Jedes Foto, jede von einem Künstler gestaltete Ansichtskarte trägt in sich die individuelle Sichtweise des Fotografen bzw. des Malers. Dazu kommen die Handschrift und die Botschaft des Absenders, die gerade bei alten, an der Vorderseite beschriebenen Karten evident werden. Wer die Adressen der aus dem 2. Bezirk versendeten Karten liest, wird in benachbarten Wiener Bezirke, ins Weinviertel oder nach Salzburg entführt. Aber die Karten gingen auch nach Freiburg im Breisgau, Delft, Olmütz, Dresden, Bratislava und Berlin.

Zurück nach Wien, in den zweiten Bezirk. Erst mit der Regulierung der Donau nahm die nach dem hl. Leopold benannte Leopoldstadt, jene Insel zwischen Brigitta- und Praterspitz, Formen und Konturen an. Über Jahrhunderte sorgten Donau und Donaukanal mit ihren teils katastrophalen Überschwemmungen für stete Veränderungen der Uferlinie und somit der natürlichen Grenzen. Sichtbares Zeichen der Naturgewalten ist eine Hochwassermarke auf der Innenseite des Einganges zum Augarten. Auch im Prater erinnern zahlreiche Altarme an das einst weitläufige Augebiet vor den Toren des befestigten Wien.

Natürlich wird dem Prater hier breiter Raum eingeräumt. Seine Öffnung für die breite Bevölkerung wurde als „Averissement" in der „Wiener Zeitung" vom 9. April 1766 bekannt gemacht. Das Riesenrad wurde im Zuge der Eröffnung 1897 als „höchste Hutschen" bezeichnet, 1914 sollte „wegen Uneinbringlichkeit der Pachtsumme" gar der Betrieb eingestellt werden. Den Konstantinhügel apostrophierte ein Schreiberling im Jahre 1871 schmählich als „Erdwarze".

Das neu errichtete Dianabad hingegen wurde schon vor der Neueröffnung 1916 als „großartigste[r] Bade-, Hotel- und Restaurant-Palast der Erde" gepriesen. Wie sehr der Brand der Rotunde die Wiener traf, schreibt die „Neue Freie Presse" am 18. September 1937 auf der Titelseite: „Sie war eine Herzenssache Wiens und der Wiener. Sie kam gleich nach dem

Stephansturm." 1928 wurde der Ruf nach einer neuen Reichsbrücke laut, die alte, 1874 eröffnete „Kronprinz Rudolfs-Brücke" war für den Verkehr zu schmal, ein Neubau „müßte 20 Meter breit sein". Am 10. Oktober 1937 war es soweit, das „größte technische Werk Oesterreichs seit dem Weltkrieg" wurde mit dem größten nur denkbaren Pomp, Volksfest im Prater inklusive, eröffnet.

Im Dezember 1847 wurde nach nur siebenmonatiger Bauzeit das legendäre Carltheater auf der Praterstraße eröffnet. Im „Humorist" vom 13. Dezember war zu lesen: „Der Styl des ganzen Baues ist der sogenannten deutschen Renaissance nahe verwandt, …" Bei der Enthüllung des Tegetthoff-Denkmals gab es vorab strikte Anweisungen. „Die morgige feierliche Enthüllung des Tegetthoff-Monumentes wird unter allen Verhältnissen, ohne Rücksicht auf das Wetter stattfinden. Im Falle zweifelhaften Wetters wird auf Befehl Sr. Majestät des Kaisers um 5 Uhr Morgens beim Platzcommando die Adjustirungs-Aenderung bekannt gegeben."

Aber auch durchaus resolute Marktweiber, „I hab g'sagt, Petersil gibts net unter drei Heller", oder keineswegs wortkarge Kutscher, „I hab' drauf g'sagt, a Praterfuhr gibt's jetzt net", werden hier vorstellig.

Hoch gelobt wird in der „Wiener Zeitung" vom 3. September 1914, als „Se. K. und k. Hoheit der durchlauchtigste Herr Erzherzog Franz Salvator" das Spital der Barmherzigen Brüder, das Verwundete des Ersten Weltkrieges aufnahm, besuchte. Die Institution, die „seit 300 Jahren der Nächstenliebe dient". So sonderbar manche Formulierungen klingen mögen, so vertraut und menschlich sind doch die Inhalte und Botschaften – möge sich auch in den nächsten 300 Jahren daran nichts ändern.

Bunter, individueller und persönlicher könnte die Geschichte eines Bezirkes wohl kaum geschrieben werden als in den Zeitungen vergangener Tage! Diese Anthologie lädt Sie ein, die Leopoldstadt mit eigenen Augen wieder zu entdecken; neu zu sehen und lieben zu lernen.

Thomas Hofmann
im Sommer 2014

Der Prater 1766: „von nun an, zu allen Zeiten"

Averissement

Es wird anmit jedermänniglich kund gemacht, wasmassen Se. kaiserl. Majest. aus allerhöchst zu dem hiesigen Publico allermildest hegenden Zuneigung Sich allergnädigst entschlossen, und verordnet haben, daß künftighin und von nun an, zu allen Zeiten des Jahrs, und zu allen Stunden des Tags, ohne Unterschied jedermann in den Bratter sowohl, als in das Stadtgut frey spatzieren zu gehen, zu reiten, und zu fahren, und zwar nicht nur in der Hauptallee, sondern auch in den Seitenalleen, Wiesen und Plätzen (die allzu abgelegene Orte, und dicke Waldungen, wegen sonst etwa zu besorgenden Unfugs und Mißbrauchs alleinig ausgenommen) erlaubet, auch Niemanden verwehrt seyn soll, sich daselbst mit Ballonschlagen, Keglscheiben, und andern erlaubten Unterhaltungen eigenen Gefallens zu divertiren: wobey man sich aber versiehet, daß niemand bey solcher zu mehrerer Ergötzlichkeit des Publici allergnädigst verstattenden Freyheit sich gelüsten lassen werde, ewige Unfüglichkeit, oder sonstig unerlaubte Ausschweifungen, zu unternehmen, und anmit zu einem allerhöchsten Mißfallen Anlaß zu geben. Wien den 7. April 1766.
WIENER ZEITUNG, 9. APRIL 1766

Die Öffnung des Praters für die Allgemeinheit im 18. und die Regulierung der Donau im 19. Jahrhundert gehören zu den prägenden Ereignissen der jüngeren Geschichte der Leopoldstadt.

Anno 1916:
150 Jahre Prater

Feuilleton: Das Anderthalbjahrhundert-Jubiläum des Wiener Praters

[…] Am 7. April sind es 150 Jahre, seitdem der herrliche Naturpark an der Donau, der Prater, der Wiener Bevölkerung frei zugänglich geworden ist. Am 30. April 1775, am selben Sonntag, an dem auch der Augarten, der kaiserliche Park in der Leopoldstadt, von Kaiser Josef II. „allen Menschen als Belustigungs-Ort" gewidmet worden war, fiel das schwere Holzgitter, das den Prater von der Leopoldstadt bis dahin getrennt hatte. Aber schon am 7. April 1766 war von dem menschenfreundlichen Herrscher der Prater zur allgemeinen Benützung freigegeben worden, zur Erlustigung für Volk und Adel, und somit ist das Jubiläum seiner Eröffnung heuer und jetzt fällig.

Die Praterauen waren schon zur Zeit der Babenberger das Jagdrevier der Landesfürsten. Sie erstreckten sich damals noch über Eipeldau, Aspern und Stadlau hinaus. Im Laufe der Zeit erhielten einzelne Stifte und auch die Gemeinde Stadlau Besitzrechte an Pratergründen als Lehen. Kaiser Ferdinand I. ließ den Prater mit Planken abgrenzen und im Jahre 1537 die erste Allee, 2496 Klafter lang, zum „Jägerhaus", dem späteren „Lusthaus", anlegen. Der jagdliebende Kaiser Maximilian II. ließ die Auen zu Jagdzwecken arrondieren und „unter den Felbern" 18 Jägerhäuser – die „Jägerzeile", jetzt „Praterstraße", nach des BV. Blasel Wunsch künftig Hötzendorfstraße – errichten. Damals wurde jedermann der Zutritt in den Prater verboten und das blieb so, bis Maria Theresia Kavalieren zu Pferd und Wagenbesitzern täglich nachmittags und nach der Vesper den Besuch gestattete. Aber niemand durfte im Pratergelände aus- oder absteigen und alle Besucher wurden auf Hunde und Waffen visitiert, ersteres um Jagd, letzteres um Duelle auf diesem Gebiet hintanzuhalten.

Als der Prater von Kaiser Josef endlich für jedermann eröffnet worden war, wurde der untere Prater gar schnell besiedelt. Eine Menge hölzerner Häuser entstanden dort, die „Praterhütten", die Nummer und Schild tragen mußten. Man zählte schon zu Anfang des vorigen Jahrhunderts dort acht Ringelspiele, sieben Schaukeln und 38 Ausschankhütten. Im Jahr 1786 gab es bereits das Erste, Zweite und Dritte Kaffeehaus an der Hauptallee; ihre Besitzer waren Matthias Benko, Ignaz Wagner und Anton Simon.

Im oberen Prater ließ Kaiser Josef im Jahre 1775 eine neue Allee bis zum Lusthaus anlegen und im vorhin genannten Jahre auch zwei Brunnen für Bewässerung zu beiden Seiten der Hauptallee graben. Schon in jener Zeit waren die einzelnen Teile des Praters besonders benannt: Nobelprater, Wurstel- oder Volksprater, Freudenau, Kriau, Fasangarten, Hirschau. Letztere lag unterhalb der Kriau, auf der rechten Seite des Praters. Im „Hirschenstadl" wurden die berühmten stattlichen Praterhirsche gehegt, die sich von den Wienern gern mit Brot füttern ließen; einer von ihnen, der „Waldhansel", war allbekannt ob seiner Zahmheit.

Praterpartie — Wien II.

Heute noch zeugen trockene Altarme und riesige Bäume von der weitläufigen und wildreichen Aulandschaft der Donau, die sich einst im kaiserlichen Besitz befand. Dank Donauregulierung wird sie heute nicht mehr überschwemmt.

Auch einzelne der schönen großen Praterwiesen hatten bald ihre kennzeichnenden Namen erhalten: Die große und die kleine Galitzin-Wiese nächst dem Hauptallee-Eingang, die Jesuiten-, später Feuerwerks-Wiese, die obere, mittlere und untere Praterwiese, die Spennadel- und die Rustenschacher-Wiese.

Auch ein Waldkirchlein gabs damals im Prater, an der Stelle des Zirkusgebäudes, von Leopoldstädter Bürgern ex voto aus Anlaß der Pestseuche als Kapelle aus Holz im Jahre 1713 errichtet. Kaiser Karl VI. ließ eine gemauerte größere Kirche dort erbauen, die dem hl. Johann von Nepomuk geweiht war, nach 46 Jahren abgebrochen wurde, um als Nepomuk-Kirche in der Jägerzeile neu zu erstehen.

Es ist schlechterdings unmöglich, in Kürze die lokalhistorische Bedeutung des Praters zu schildern als des Mittelpunktes des sommerlichen Volkslebens mit seinen mannigfaltigen Vergnügungen, wie sie ja auch unserer Generation noch vertraut sind.

Freilich, die barbarische „Herrlichkeit" des „Lauferfestes" am 1. Mai im Prater hatte im Jahre 1847 nach mehr als hundertjährigem Bestand ihr Ende gefunden und auch die Lustfeuerwerke im Prater, deren erstes von Johann Stuwer im Jahre 1774 nach zweimaliger Verschiebung auf dem Feuerwerksplatz abgebrannt wurde, sind dem Wien von heute fremd geworden. Aber die Pferde-Wettrennen in der Freudenau sind heute so beliebt wie ehedem und die sonstigen Volksbelustigungen sind im Laufe der Zeit immer reichhaltiger geworden. Wohl vermißt man Kratky-Baschiks Zauber-Theater mit seinen Wundern der Schwarzen Kunst, dafür sind die Wunder des Kinematographen in mehreren Schaupalästen zu sehen, und wenn auch keine Luftballon-Fahrten mehr im Prater stattfinden, wie Dr. Ingenheim sie als erster im Jahre 1734 vor Kaiser Josef vollführte, 1791 Blanchard und später andere, so kann man jetzt in den Karoussells, wie die Ringelspiele „noblichter" heißen, auch auf Aeroplanen Platz nehmen. Das Vergnügen des Fünfkreuzer-Tanzes hat wohl aufgehört, aber noch immer ist ein Firmtag ohne Praterbesuch undenkbar. Und während der Prater Wurstel nur noch historische Bedeutung hat, wird das Lustspieltheater, das an Stelle der alten Fürstschen Singspielhalle und des Jantsch-Theaters steht, ganz gern besucht.

An die Stelle der altberühmten Praterfahrt am 1. Mai sind die Maifeier der Arbeiterschaft, aber auch die zu einem späteren Zeitpunkt veranstalteten Praterkorsos zu wohltätigen Zwecken getreten und so hat in mannigfacher Hinsicht im Lauf der Zeit das Bild Veränderungen erfahren, ist aber im Grundzug dasselbe geblieben: das der Erlustigung und Erholung für alle Bevölkerungskreise in der schönen Jahreszeit.

Seit 1873, dem Weltausstellungsjahr, das mit der Rotunde dem Prater ein Monumentalgebäude, der Stadt Wien ein neues Wahrzeichen brachte, hat jede große Ausstellung ihren Platz im Prater gefunden und im Kaisergarten entstand mit „Venedig in Wien" sogar eine permanente Vergnügungs-Ausstellung, allerdings mit stark wechselndem Erfolg, der in den letzten Jahren sogar zum Mißerfolg wurde.

Viel hat in diesen 150 Jahren seiner allgemeinen Zugänglichkeit der alte liebe Wiener Prater mitangesehen, manches erleben müssen, das ihn veränderte – die Großstadt trieb unbarmherzig Häuserzeilen in seinen grünen Leib – in seinem Wesen aber ist er geblieben, was er unseren Voreltern war: ein Ort der Erquickung, wie ihn keine Großstadt der Welt in dieser Art besitzt. So möge er auch in Hinkunft erhalten bleiben als immergrüne Erinnerung an die Menschenliebe des großen Volkskaisers.

Grazer Mittags-Zeitung, 6. April 1916 (Zitate aus dem „N.-W.-Bl.")

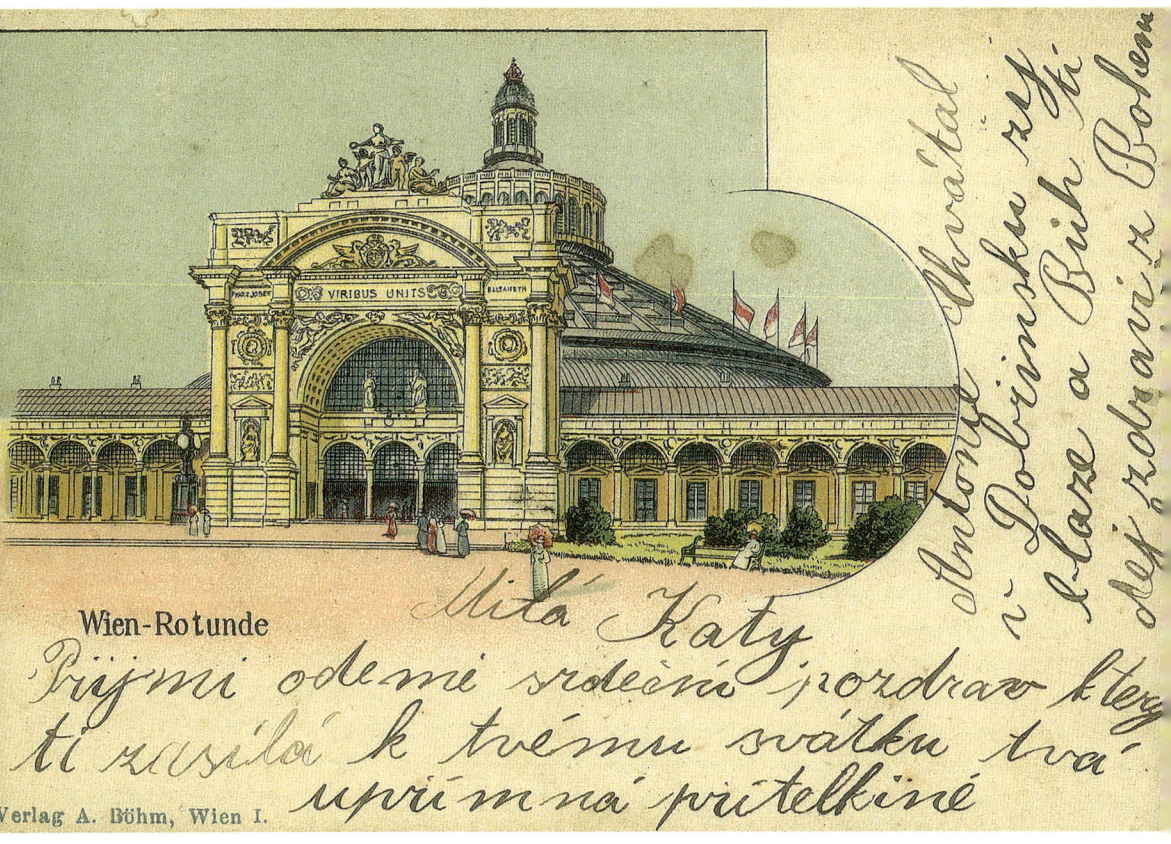

Die Rotunde mit der damals größten Kuppel der Welt zierte der kaiserliche Wahlspruch „Viribus Unitis" über dem Haupteingang, auf der Spitze prangte die Kaiserkrone. Sie war das größte Wiener Prestigebauwerk des 19. Jahrhunderts abseits der Wiener Ringstraße.

Riesenrad: „höchste Hutschen"

Ein halbe Stunde auf dem Riesenrade
Zur Eröffnung des Basset-Rades im Englischen Garten

Es ist vollbracht; die Wiener habe ihre „höchste Hutschen". Der Weltausstellung von Chicago wurde die „greatest attraction" glücklich abgeguckt.

Wir haben gestern mit dem Basset-Rad im Englischen Garten die erste Umdrehung gemacht und bei dieser Gelegenheit Ueberzeugung gewonnen, daß solch eine Fahrt zu den überaus harmlosen Abenteuern gehört, an die man sich wagen darf, auch wenn man nicht über eine Portion Schwindelfreiheit verfügt. Allzu Furchtsamen sei gleich die beruhigende Versicherung ertheilt, daß man im Waggon auch nicht die leiseste Bewegung verspürt, die Wagen kommen unmerklich in senkrechte Lage, und wenn man die Augen schließt, fühlt man nichts vom Steigen oder Senken.

Es wird halb 6 Uhr Nachmittags. Hunderte von Menschen umlagern das Riesenrad, um der ersten Umdrehung zuzusehen. Man drängt auf die Gerüste, nur geladene Gäste haben Zutritt, dann beginnt die Eröffnungsfeier. Sie geht vorschriftsmäßig vor sich. Eine Flasche Pomery wird auf einer Eisenspeiche zerschellt, ein Hoch auf den Kaiser wird ausgebracht, man besteigt den Waggon.

Er ist etwa halb so groß wie ein Tramwaywagen und faßt 20 Personen. Im Ganzen hängen 30 Waggons an der Peripherie des Kreises, so daß gleichzeitig 600 Personen befördert werden können. Das Riesenrad ist 63 Meter hoch und das nette Gewicht von 300.000 Kilogramm: Die Rotation des Rades erfolgt durch Drahtseile, die im Umfang des Rades laufen und durch zwei Dynamos mit zusammen 60 Pferdekräften bewegt werden.

Wir steigen nach mannigfachen Unterbrechungen langsam in die Höhe, nach und nach verschwindet das unter uns liegende Fleckchen, die Menschen werden kleiner und der Prater mit seinen grünen Auen, der Volksprater mit zahlreichen Menschen, der Donauarm taucht auf. Höher und höher geht's, immer ruhig scheinbar unbeweglich, dann langen wir am höchsten Punkt des Durchmessers an. Das Häusergewirr von Wien einerseits, der ganze Prater in all seiner reichen Schönheit andererseits wird wieder sichtbar. Einige Secunden verweilen wir auf dem Aussichtspunkte in Ruhe, dann geht es wieder abwärts. Eine kleine Pause. Unwillkürlich erinnern wir uns an die 47 Stunden, die die Passagiere des Riesenrades in London, eines maschinellen Defectes halber, im Rad verbringen mußten. Unsere Befürchtungen werden aber sofort widerlegt. Man theilt uns mit, daß auch bei einem Seilbruch das Basset-Rad mittelst Handbetrieb in Bewegung gesetzt werden kann.

Die Gegenstände unter uns werden größer und größer, die schöne Fernsicht entschwindet, die Menschen bekommen natürliche Dimensionen, das Jantsch-Theater taucht neben uns auf, wir sind wieder am Ausgangspunkt. Die erste Umdrehung hat über eine halbe Stunde gedauert.

Die gigantischen Dimensionen eines Wiener Wahrzeichens: Das Gewicht des Riesenrades beträgt 244,85 Tonnen, die Achse wiegt 16,3 Tonnen. Das Gesamtgewicht liegt bei 430,05 Tonnen. Nach dem Brand im Zweiten Weltkrieg ist das Riesenrad nur mehr mit 15 Waggons bestückt.

Das war indes nur das erstemal. In Zukunft wird das Basset-Rad eine Umdrehung in fünf Minuten vollenden.

Auf der Ausgangstreppe empfängt uns ein vielhundertköpfiges Publicum mit lautem Halloh.

Die Leute sind neugierig, wie es oben ist, wie es ausschaut, ob man seekrank wird, mit einem Worte, ob man sich unterhält.

Und das ist ja wohl der Hauptzweck des Riesenrad-Spielzeuges. Die Wiener kennen einen Ort mehr, wo's a Hetz gibt.

Neues Wiener Journal, 4. Juli 1897

Familie Dalles im Riesenrade zu Venedig

Dalles: Nu Betty? Wie gefällt Dir die Aussicht?
Frau Dalles: Großartig! Ich bin ganz exhumirt!
Dalles: Was heißt exhumiert. Was red'st Du immer mit Fremdwörter, wenn Du sie nix verstehst. Du willst nebbich sagen: „Du Du bist ganz exportirt!"
Proschek: Was plauschen's da für an Stiefel? Das haßte ja: „Explodirt!"
Dalles: Sie Chammer, was Sie san! Sie wollen mich Griechisch lernen. Ich wohn auf'n Fleischmarkt.
Zanady: Aber Herr Dalles, das bleibt sich ja kérem gonz glaich, ob wird Frau Gemohlin exhumirt, oder ob sie explodirt.
Dalles: Natürlich bleibt sich das gleich. Nu Frau Schwiegermama, wie fühlen Sie sich?
Schwiegermama: Ich hab' ä schreckliche Angst! Wenn ich am End' da herunter falle.
Dalles: Dann zahl' ich gleich zwei Flaschen Champagner.
Schwiegermama: Was? Wenn ich herunterfall'?
Dalles: Na! Wenn Sie nix herunterfallen.
Frau Dalles (leise zu Dalles): Was sind das for Sachen? Was thust du meine Mutter vor die Leut' comprimiren?
Dalles (laut): Das heißt doch componiren!
Der kleine Moriz: Vater, mir ist so mieß!
Dalles: Woso, Was hast du gegessen?
Frau Dalles: Gott über die Welt! Er hat alle drei Schachteln Bonbons aufgegessen.
(Der kleine Moriz sagt Dalles etwas ins Ohr.)
Dalles: Jetzt geht das nix! Wart bis wir unten sind.
Frau Sopherl (zu Proschek): Himmel-Kruiztürken! Sö umkehrter, regenabg'schwabter, windverdrahter Spitalbesen! Sö hab'n Ihna ja auf mein Guglhupf g'setzt! Der is jetzt so brat wir a böhmischer Talken. Lachen's net! Sonst krieg'n S' a so a murdstrum Flaschen, daß Ihna dö Ohrwascheln in d' Lagunen fliag'n! Hab'n S' a Idee? Sö siamesischer Elefantenzwilling.
Conducteur: Aussteigen, meine Herrschaften.

Die Bombe, 11. Juli 1897

Zu jedem Wienbesuch gehört ein Besuch im Prater. Gleichzeitig ist ein Praterbesuch ohne Fahrt mit dem Riesenrad undenkbar. Diese ungeschriebenen „Gesetze" gelten seit weit über hundert Jahren, für Firmlinge und Erstkommunionkinder vom Land bis hin zu japanischen Touristen.

Riesenrad: „eingestellt" und „gepfändet"

Die Reiterin auf dem Riesenrad

Auf einem Waggon des Riesenrades im Prater ist eine vergitterte Zelle, in die ein lebendes Pferd gehoben wird. Eine als Schulreiterin kostümierte Dame besteigt das Pferd; das Riesenrad setzt sich in Bewegung, bis der Waggon, auf dessen Dach das Pferd und die Reiterin stehen, in beträchtlicher Höhe sind. Der Anblick der scheinbar ganz freistehenden Gruppe ist beängstigend, da die Sicherheit der Dame hauptsächlich vom ruhigen Verhalten des allerdings abgerichteten Zirkuspferdes abhängt. Eine Menge untenstehender, in ihrer Rolle unterwiesener Statisten hat inzwischen die Aufgabe, die Kinoaufnahme (denn um eine solche handelt es sich) durch entsprechende Mimik zu unterstützen. Oben angelangt, werden dann ein in Papiermaché nachgeahmtes Pferd und eine die Reiterin darstellende Puppe herabgeschleudert. Alle diese „Effekte" gelten der Aufnahme einer „dramatischen" Szene, die im tragischen Schicksale einer zu Pferde auf das Riesenrad gekletterten Artistin gipfelt. Das lebende Pferd auf dem Dache des Waggons des Riesenrades und die Reiterin lockten Tausende von Neugierigen an, die auf Wunsch als unhonorierte Statisten in den Innenraum zugelassen wurden.
Vorarlberger Volksblatt, 2. Mai 1914

Der Betrieb des Riesenrades im Wiener Prater eingestellt

Seit einigen Tagen ist der Betrieb der sogenannten Scenic Railway und des Riesenrades, sowie auch der Wasserbahn im Wiener Prater behördlich eingestellt worden. Die Einstellung dürfte dauernd bleiben. Die seit zehn Jahren bestehende Scenic-Bahn war ein englisches Unternehmen mit englischem Betriebspersonal. Das Riesenrad besteht seit 20 Jahren, ist 64 Meter hoch und gilt noch heute als technisch interessante Eisenkonstruktion. Es wurde wohl von heimischen Unternehmern betrieben, doch ist seine Betriebseinstellung gleichfalls verfügt und der Verkehr von der Hauptallee nach der Zufahrtsstraße, in der sich auch die Wasserhöhlenbahn befinden, gänzlich abgesperrt.
Prager Tagblatt, 29. August 1914

Das gepfändete Riesenrad im Prater

Wie mitgeteilt wird, ist das Riesenrad vom Besitzer des zum Kaisergarten gehörigen Grundes, auf welchem es steht, wegen Uneinbringlichkeit der Pachtsumme gepfändet worden. Bis zum letzten dieses Monats reicht die dem Konsortium des Riesenrades gestellte Frist zur Erfüllung der eingegangenen Verpflichtungen. Bleibt diese Frist unbenützt, so erscheint es nicht ausgeschlossen, daß das Riesenrad abgetragen und durchaus als „altes Eisen" behandelt werden wird.
Salzburger Chronik, 1. September 1916

Zum Glück fehlte für die Verschrottung des Riesenrades das nötige Geld. Nachdem es auch den Zweiten Weltkrieg überstand, wurde es zur Metapher des Wiederaufbaues. Später diente es mehrmals als Filmkulisse, unter anderem 1987 für den James-Bond-Film „Der Hauch des Todes".

Die „Amerikanische Scenic Railway", eine der Attraktionen in Gabor Steiners „Venedig in Wien": Dieser am 18. Mai 1895 eröffnete Themenpark mit künstlichen Kanälen und echten Gondeln war einer der ersten dieser Art weltweit. Jährlich kamen neue Attraktionen dazu, so 1897 das Riesenrad.

Von der „Scenic Railway" zur Hochschaubahn

Wiedereröffnung der „Scenic Railway" als „Hochschaubahn"

Das als englisches Unternehmen geschlossene Gartenabteil der „Scenic Railway" ist wieder eröffnet worden. Der jetzige Unternehmer A. Weiner hat, wie neue Tafeln besagen, den Betrieb als „Hochschaubahn" wieder eröffnet und widmet 10 % der Einnahmen für Kriegsfürsorgezwecke.
Neues Wiener Journal, 1. September 1914

Von der Hochschaubahn überfahren

Gestern gegen 5 Uhr nachmittags wollte der als Aufseher der Hochschaubahn (früher Scenic Railway) im Prater angestellte 55jährige Zimmermann Leopold Anderschitzky die Geleise überschreiten, als er von einem herabsausenden Zug erfaßt, niedergestoßen und geschleift wurde. Er erlitt mehrere rechtsseitige Rippenbrüche, einen Bruch des linken Oberschenkels, Wunden am Unterschenkel, an der Schläfe, eine schwere Quetschung des rechten Oberarmes und Abschürfungen an allen Gliedmaßen. Die Rettungsgesellschaft verband ihn und brachte ihn auf die Unfallstation.
Fremden-Blatt; 19. Juni 1916

Sturz von der Hochschaubahn

Die 21jährige Manipulantin Josefine Volks ist Pfingstmontag während der Fahrt in der Hochschaubahn im Prater aus einem Wagen gefallen. Sie hat einen Bruch des Unterkiefers, Wunden im Gesicht und am linken Arm erlitten und wurde in die Unfallstation gebracht. Aus Schreck über den Unfall wurde die 17jährige Hilfsarbeiterin Betty Gazder von Nervenkrämpfen befallen. Sie wurde in die Station der Rettungsgesellschaft gebracht und erholte sich dort.
Arbeiter Zeitung, 30. Mai 1917

Eine Fahrt mit der klassischen Hochschaubahn ist neben einer Fahrt mit einem Ringelspiel und dem Riesenrad das dritte Muss eines Praterbesuches. Dass diese Bahn aus der bankrotten „Amerikanischen Scenic Railway" hervorging, änderte nichts an ihrer Beliebtheit.

Laute Musik im „Walfisch"

Musik als Unfallsursache

In fortgesetzter Verhandlung hatte sich das Zivillandesgericht unter Vorsitz des Landesgerichtsrates Dr. Heberdey mit einer Klage zu befassen, die die Private Anna Franta durch Dr. Landau gegen den Inhaber der Prater-Grottenbahn „zum Walfisch" L. Pilz auf Zahlung von Schmerzensgeld, Heilungskosten usw. von 11.100 Kr. eingebracht hatte, weil sie am Pfingstmontag, als sie mit ihrer kleinen Enkelin auf dieser Grottenbahn fahren wollte, von dem Waggon abgestürzt und mitgeschleift worden sei, wodurch sie schwere Verletzungen erlitten habe. Die Ursache des Unfalles liegt in der überlauten Musik des Orchestrions, durch welche das Pfeifensignal übertönt wurde, so daß sie dieses Signal überhörte und erst einstieg, als der Zug sich schon in Bewegung setzte. Es wäre Pflicht des Geklagten Pilz gewesen, die Musik abzustellen, damit das Publikum das Abfahrtssignal höre. Demgegenüber erklärte der „Zugsführer" als Zeuge, das Pfeifensignal sei ein so lautes, daß es die Musik des Orchestrions übertöne und von jedermann gehört werden könne und müsse. Es liege Selbstverschulden der Klägerin vor. Nach längeren Unterhandlungen kam ein Ausgleich in der Richtung zustande, daß die Klägerin sich mit dem Gesamtbetrage von 500 Kronen zufrieden gab.

FREMDEN-BLATT, 9. JANUAR 1917

Die 1898 errichtete Grottenbahn „Zum Walfisch" hatte 18 verschieden gestaltete Themenräume. Die Fahrt wurde von einer Konzertorgel akustisch begleitet, gespielt wurden bekannte Opern- und Operettenlieder. Die heutigen Geisterbahnen fanden ihr Vorbild in den Grottenbahnen.

Zirkus Busch, Krone, Beketow und andere

Wiedereröffnung des Circus Busch

Das Ensemble des Directors Busch, bestehend aus einer Künstlerschar von mehr als 200 Personen sowie einem Marstall von 170 Pferden, ist heute, Samstag, mit zwei Extrazügen aus Berlin, hier eingetroffen. Morgen, Ostersonntag, um halb acht Uhr Abends, findet die große Eröffnungsvorstellung statt. Ostermontag finden zwei Vorstellungen, um 4 Uhr und ½8 Uhr Abends statt.
NEUE FREIE PRESSE, 15. APRIL 1900

Zirkus Krone

Dieser Zirkus, der vor Ausbruch des Krieges den Namen „Zirkus Charles" führte, seither aber nach dem Namen seines Besitzers sich „Zirkus Krone" nennt, gibt seit einiger Zeit in Wien Vorstellungen, und zwar dermalen im Busch-Gebäude im Prater. Die Darbietungen sind äußerst reichhaltig und sehenswert. Es wird nahezu zu viel des Guten an einem Abende geboten. Geschulte Pferde, ein abgerichtetes Nilpferd, sibirische Kamele und afrikanische Bergzebras mit ihren Kunststücken folgen einander in bunter Abwechslung. Herr Arengo führt uns Krones größte Löwengruppe der Welt vor, während der Tigerbändiger Heinrich Wagner einen Kampf mit 12 Tigern aufnimmt. Direktor Krone führt uns seine 9 Wunderelefanten vor, Herr Winter seine abgerichteten Seelöwen. Dazu kommen die Darbietungen von chinesischen Zauberkünstlern und Akrobaten, ferner das Auftreten der bekannten Reiterfamilie Proserpi und vieles andere noch. Selbstverständlich treiben auch Clowns ihre Ulke und tragen zur Aufheiterung der Zuseher bei. Ein Besuch des Zirkus Krone kann daher jedermann bestens empfohlen werden.
DEUTSCHE PRESSE, 1. JANUAR 1915

Zirkus Beketow

Im Zirkus Busch-Gebäude, im Prater, findet das Publikum wieder Gelegenheit, an einem reichhaltigen, interessanten Programm sich zu vergnügen. Eine besondere Nummer bildet Labero, der Mann mit dem sechsten Sinn, dessen Kunst bisher alle Gesellschaftskreise Berlins in Staunen und Entzücken versetzte. Was Beketow in den andern 16 Nummern bietet, wird gewiß nicht verfehlen, die Aufmerksamkeit Wiens in den Prater, die alte Vergnügungsstätte, zu lenken, wo der Zirkus noch allemal ein Hauptvergnügungsplatz war.
DAS INTERESSANTE BLATT, 6. JANUAR 1916

Das Gebäude des „Circus Busch" wurde 1881 als 16-eckiger Kuppelbau mit einer Höhe von 15 Metern errichtet, bot nach seiner Umgestaltung von 1892 Platz für 2.600 Personen und wurde ab 1920 zum „Busch-Kino" ehe es 1945, stark beschädigt und dann abgetragen wurde.

Schweizerhaus: „Der Schaum … ein Produkt des Bieres selbst"

Der Bierausschank im Schweizerhaus

Wir werden mit Bezug auf die Verhandlung unter diesem Titel um Veröffentlichung folgender Zuschrift ersucht: Mit Hinsicht auf die in Ihrem geschätzten Blatte vom 22. d. enthaltene Gerichtssaalnotiz betreffend den Bierausschank in meinem Praterrestaurant Schweizerhaus, erlaube ich mir, ohne dem richterlichen Urteile vorgreifen zu wollen, Sie um folgende Feststellung zu Bitten: Der Schaum des in meinem Praterrestaurant ausgeschenkten Pilsner Urquell ist und war, was ich jederzeit festzustellen in der Lage bin, niemals ein künstlicher, sondern immer einwandfrei natürlich und ein Produkt des Bieres selbst. Im Schweizerhaus wurde von mir niemals das Bier zu einem höheren Preise verkauft als zu dem auf der Getränkekarte ersichtlichen, der übrigens auch an den Bäumen meines Restaurationsgartens plakatiert ist. In dem in der Verhandlung verlesenen Marktamtsberichte wird auch konstatiert, daß in meinem Restaurant die Qualität des Fleisches, auch die der kleinen Speisen sowie die Zubereitungsart erstklassig ist. Die Behauptung, daß ich durch das schlechte Einschänken allein an einem Sonntag einen Uebergewinn von 400 Kronen erziele, wird jeder Fachmann in das Gebiet der Phantasie verweisen. Mit bestem Danke für die Aufnahme dieser Zeilen zeichne ich hochachtungsvoll Johann Gabriel, Besitzer der Praterrestauration Schweizerhaus.
Volks-Zeitung, 26. Juli 1916

Das Bier im Schweizerhaus

Nach mehreren Vertagungen wurde gestern beim Bezirksgericht Leopoldstadt die Verhandlung beendet, in der der Schweizerhauswirt Johann Gabriel und sein Geschäftsführer Rudolf Striebl wegen Betruges und Preistreiberei, Gabriel außerdem noch wegen Amtsehrenbeleidigung angeklagt waren. Infolge einer nicht unterschriebenen Anzeige wurden Erhebungen darüber eingeleitet, daß im Schweizerhaus die Gläser nur zur Hälfte mit Bier eingefüllt wurden und daß Preise begehrt worden waren, die mit der Speisekarte nicht übereinstimmten. Die Angeklagten bestritten alles. Gabriel gab bloß zu, daß es in dem Rummel an Sonntagen möglich sei, daß hie und da gegen seinen Auftrag und ohne sein Wissen die Gläser Bier nicht angefüllt wurden. Gabriel und sein Geschäftsführer wurden von der Preistreiberei und dem Betrug freigesprochen, Gabriel aber wegen Amtsehrenbeleidigung gegen den Marktbeamten zu vierzig Kronen Geldstrafe verurteilt.
Arbeiter Zeitung, 27. September 1916

Die legendäre Praterinstitution wird 1766 als „Schweizer Hütte" genannt. Im Jahr 1800 folgte das Gasthaus „Zur Tabakspfeife", während des Wiener Kongresses nannte man sich „Zum russischen Kaiser". Mit der Übernahme durch Karl Kolarik (1920) wurde das „Schweizerhaus" zur Wiener Institution.

„Zum Eisvogel"

Eine Praterfahrt

Vor dem Landesgerichtsrate Dr. Moldauer in der Leopoldstadt war gestern der Reisende Jakob Liebermann wegen Betruges angeklagt, weil er den Einspännerkutscher Josef Pohl um den Fuhrlohn geprellt haben soll. Der Angeklagte, erzählte, er sei in etwas angeheitertem Zustande bei einem Gasthause nächst dem Nordbahnhof in den Wagen gestiegen und habe dem Kutscher gesagt, er solle ihm ein bissel im Prater führen, wofür er ihm die Zeche zahlen werde. Er habe etwa 40 K. in mehreren Wirtschaften Zeche bezahlt, trotzdem habe der Einspänner noch einen Fuhrlohn verlangt. Josef Pohl gab an, der Angeklagte habe sich in den Wagen gesetzt und gesagt: „Führen S' mich in Prater!" I hab' drauf g'sagt, a Praterfuhr gibt's jetzt net. Er meinte: „Also fahren wir zum Eisvogel." Ich sag': „I kann nur in die Venedigerau fahren!" „Also gut, wir fahr'n." Beim „Eisvogel" steigt der Herr aus, geht eini und auf der anderen Seite wieder außi. Aber i hab' ihm beim Krawattel erwischt und an Wachmann g'rufen. – Richter: Haben Sie nicht vereinbart, ihn zu führen, wenn er die Zeche zahlt? – Zeuge: Ka Spur. – Richter: Hat er Sie freigehalten? – Zeuge: Aber na. – Ang.: So was. Ich hab' schon beim Mottl vor dem Wegfahren zwei Viertel für ihn gezahlt und ihm beim „Eisvogel" Wurst und Wein geben lassen. – Zeuge: Ka Spur. – Richter: War der Mann angetrunken? – Zeuge: A bissel hat er aufg'habt. – Der Angeklagte gab dem Kutscher hierauf als Schadloshaltung 10 K. und wurde dann vom Richter freigesprochen, weil von einer betrügerischen Absicht nicht gesprochen werden könne.

Volks-Zeitung, 7. Dezember 1917

Adam Weiningers Restaurant und Café „Zum Eisvogel", Wien, k. k. Prater Nr. 44.

Der „Eisvogel" ist ein beliebtes Lokal mit langer Geschichte. 1782 hieß es „Zu den 3 Raben", seit 1805 nannte man es „Zum Eisvogel". Hier traten Sänger auf und spielten Damenkapellen. Unter Adam Weininger, der das Lokal 1885 übernahm, war Alexander Girardi (1850–1918) zu hören.

Das Dritte Kaffeehaus

Luxusbetrieb

Das in der letzten Zeit wiederholt angeführte Wort „Luxusbetrieb" hat in unseren Tagen, wie eine in der vergangenen Woche stattgefundene Gerichtsverhandlung bekundete, ganz eigenartige Bewertung gefunden. Zunächst die Tatsache: Der Besitzer des dritten Kaffeehauses im Prater Karl Pertl war wegen Preistreiberei angeklagt gewesen, weil er für eine Portion Salami im Gewichte von 4 Dekagramm 2 Kronen verlangte. Das Bezirksgericht in der Leopoldstadt hatte unter Hinweis, das dritte Kaffeehaus sei ein „Luxusbetrieb", einen Freispruch gefällt. Nun hob aber in der letzten Woche der Appellsenat auf Berufung des staatsanwaltschaftlichen Funktionärs den Freispruch auf und verurteilte den Kaffeehausbesitzer zu 2000 Kronen Strafe. Unzweifelhaft ein zeitgemäßes Urteil. Schon das Wort „Luxusbetrieb" hat allzu sehr relative Bedeutung. Dem einen erscheint als Luxus, was dem anderen Bedürfnis dünkt. Beispielsweise kann der Rast- und Erholungsbedürftige die sommerliche Abendstunde im Praterkaffeehause zu seiner Ausspannung als dringende Notwendigkeit empfinden, während sie der Kaffeehausfremde als „Luxus" bezeichnet. Nur was tatsächlich und vollkommen einwandfrei als letzteres hingestellt werden kann, mag auch nach verschiedener Hinsicht einer höheren Besteuerung ausgesetzt erscheinen. Aber keinesfalls dürfte unter dem Schlagworte „Luxusbetrieb" eine Art Freibrief geboten sein für unlauteres, allzu gewinnsüchtiges Gebaren. Es wäre damit nur vielfacher Anlaß gegeben zu der landläufigen volkstümlichen Klage: „Den kleinen Dieb hängt man, den großen läßt man laufen."

WIENER SONN- UND MONTAGS-ZEITUNG, 9. APRIL 1917

Erstes, Zweites und Drittes Kaffeehaus, beliebte Ausflugsziele der Wiener, lagen knapp nebeneinander in der Hauptallee. Hier spielten unter anderem Beethoven und Lanner. 1886 erwarb Carl Wenzel Pertl das Dritte Kaffeehaus und betrieb dort ein Sommerorpheum.

Eigenartige Diebstahlsaffäre

Ein Prateridyll

Die Schauspielerin Amalie Bock war vor dem Landesgerichtsrate Pick (Leopoldstadt) wegen einer eigenartigen Diebstahlsaffäre angeklagt. Der 41jährige Schlosser Wenzel P. hatte die Anzeige erstattet, daß ihm die Angeklagte, während er am 15. Mai nachts auf einer Bank in der Hauptallee neben der Bock einschlief, einen Ring gestohlen hatte. Er sei von einem Wachmann aufgeweckt worden und habe gesehen, daß die Dame verschwunden war und hatte einen Ring vermißt. Der Wachmann Danobis, der den Vorfall beobachtet hatte,

schilderte, daß ihm das Paar bei seinem Gange durch den Prater aufgefallen sei, weil der Mann mit dem Kopfe im Schoße der Frauensperson lag und schlummerte. Er habe sich die Frau deshalb gut angesehen. Als er nun wieder vorbeikam, schlief der Mann noch immer auf der Bank sitzend, aber die Frau war verschwunden. Er weckte den Schläfer, der nun den Abgang eines Ringes entdeckte, mehrere andere wertvolle Ringe jedoch am Finger hatte. Zeuge sagte: Während ich nach der Frau ausschaute, kam sie gerade vorbei und ich sagte ihr: „Sie haben den Ring des Mannes genommen." Die Frau gab dies ruhig zu und übergab den Ring, indem sie erklärte, sie habe ihm den Ring abgestreift, damit er nicht verloren ginge oder dem Schlafenden gestohlen werde. Auffallend war dabei, daß sie nur den einen Ring abgenommen hatte, die wertvollen Ringe aber nicht. Die Angeklagte, welche nicht erschienen war, hatte sich auch dahin verantwortet, daß sie, bloß um den P. vor Schaden zu bewahren, den Ring an sich genommen habe. Der Richter vertagte die Verhandlung, um den Leumund der Angeklagten zu erheben.

Fremden-Blatt, 12. August 1915

Natürlich ist der Begriff Idylle subjektiv gefärbt, wie sehr die Sichtweise eines Journalisten und die eines Fotografen divergieren zeigen Text und Bild. Bilder mit der Bezeichnung „Prateridyll" firmieren oft auch unter „Prater-Parthie"; fast immer handelt es sich um Naturaufnahmen.

Familiendrama: sterbende Frau und totes Mädchen

Die Toten vom Heustadelwasser

Wie berichtet, wurden am 11. d. M. um ½7 Uhr abends beim Heustadelwasser in der Hauptallee des Praters eine sterbende Frau und ein totes Mädchen von ungefähr zwei Jahren aufgefunden. Die Frau starb alsbald und die Leichen wurden in die Totenkammer des Allgemeinen Krankenhauses gebracht. Bei den Toten fand man ein leeres Fläschchen, das die Vignette eines Apothekers in Simmering trug. Man mutmaßte ein Familiendrama, und durch die gestern vormittags durch das Praterkommissariat veranlaßte Agnoszierung der beiden Toten ist diese Mutmaßung auch als richtig erkannt worden.

Die Unglückliche ist die Bildhauersgattin Frau Michaline Elster, geborene Maniofsky, das Kind ist ihre zweijährige Tochter Alice Elster. Der Gatte der Frau, der früher Bildhauer war, hat sich zuletzt als Buchhalter fort gebracht. Im vorigen Jahre wurde er plötzlich von Geistesstörung befallen. Er hatte sich in Deutschland aufgehalten, wahrscheinlich in Wernigerode im Harz. In Wien lebt ein Bruder der Frau, der Viehhändler Dionys Maniofsky aus Snyatin, Schlachthausgasse 36 auf der Landstraße wohnhaft. Herr Elster wurde zu Weihnachten vorigen Jahres, da sein Zustand sich verschlimmerte, in eine Irrenanstalt gebracht, in der er sich vermutlich noch befindet.

Die Frau stand mit ihrem Töchterchen allein und war vom Schicksale derart heimgesucht, daß sich bei ihr Anzeichen tiefster Depression äußerten. In ihrer Bedrängnis wendete sich Frau Elster nach Wien zu ihrem Bruder. Sie kam mit dem Kinde am 7. d. M. aus Deutschland in Wien an und fand bei ihrem Bruder in der Schlachthausgasse Aufnahme. Sie war immer trübe gestimmt und hat sich am 11. d. M. um 4 Uhr nachmittags ohne ein Wort des Abschiedes oder eine Zeile der Aufklärung aus der Wohnung entfernt, angeblich, um einen Spaziergang zu machen. Sie ist in den Prater gegangen und hat ihr Kind und sich beim Heustadelwasser wahrscheinlich mit Zyankali vergiftet. Das Gift dürfte sie aus Deutschland mitgebracht haben. Das Fläschchen stammt aus dem Besitze ihres Bruders, des Herrn Maniofsky, da in seiner Familie wiederholt Medikamente aus der Simmeringer Apotheke, deren Vignette das gefundene Fläschchen trug, bezogen worden sind. Das Gift hat sie in das dem Bruder genommene Fläschchen gefüllt. Der Bruder ist der Ansicht, daß die Tat im Zustande geistiger Störung begangen worden ist.

Deutsches Volksblatt, 14. März 1914

Immer wieder findet man Berichte über Tote im Heustadelwasser, dem wohl bekanntesten Altarm der Donau, wo heute noch Ruderboote verliehen werden. Manche der Wasserleichen sind einfach „nur" ertrunken, da früher weit weniger Leute schwimmen konnten als heute.

Tod beim Tennis in der Prinzenallee

Ministerialrat Dr. Eugen Lopuszanski †

Der Ministerialrat des Finanzministeriums und landesfürstliche Kommissar an der Wiener Börse, Dr. Eugen Lopuszanski, ist heute abend plötzlich einem Herzschlag erlegen. Dr. Lopuszanski, der Mitglied des Radfahr- und Tennisklubs der Staats- und Hofbeamten war, vergnügte sich heute abend auf dem Sportplatze des Vereines in der Prinzenallee [Rustenschacherallee] im Prater (nächst der Sophienbrücke). Plötzlich wurde er von einer Ohnmacht befallen und stürzte zusammen. Man nahm sich seiner an und berief die Rettungs-Gesellschaft, doch der Arzt konnte nur mehr den bereits eingetretenen Tod konstatieren; Herzschlag hat vermutlich das jähe Ende verursacht. In Ministerialrat Dr. Lopuszanski verliert die Finanzverwaltung einen überaus tüchtigen Beamten, der sich in mannigfachen Stellungen, namentlich als Börsekommmissär, bewährt hatte; sein entschiedenes, doch taktvolles Einschreiten hat in ernsten Zeiten wiederholt die erregte Stimmung an der Börse beruhigen und dadurch schwere Folgen hintanzuhalten vermocht. Dr. Lopuszanski, der auch Stellvertreter des Delegierten des Finanzministeriums in der Ministerial-Kommission für Vereinsangelegenheiten und Vertreter des Finanzministeriums in der Ministerial-Kommission für landwirtschaftliche Börsen war, besorgte seit einer Reihe von Jahren das Börsereferat für die „Wiener Zeitung". Se. Majestät der Kaiser hatte die Tätigkeit des nunmehr so jäh verblichenen Beamten wiederholt anerkannt. Ministerialrat Dr. Lopuszanski war Ritter des Leopolds-Ordens und des Franz Josefs-Ordens.
Wiener Zeitung, 19. April 1914

Das in der Rustenschacherallee (Nr. 7) liegende Gebäude stammt von dem Jugendstilarchitekten Joseph Maria Olbrich (1867–1908), dem Erbauer der Secession. Olbrich war im Frühjahr 1898 beauftragt worden, den Bau um 10.000 Gulden zu errichten; die damals in Bau befindliche Secession kostete 74.000 Gulden.

Bin endlich nach vieler Müh'
und großem Ärger in
Wien eingelangt.

Krieth

20. IX. 99.

Das Ereignis des Tages: eine „Erdwarze"

Vom Tage

Der erste Mai hielt nicht, was die letzten Tage des April versprachen. Der Wonnemonat begann trübe, unheimlich, sogar etwas frostig, eher leise an den halbvergangenen Herbst, als an den gegenwärtigen Lenz mahnend. Das müßte eine ganz absonderliche Phantasie sein, die diesmal vom blauen Himmel, erquickenden Mailüftchen und blendenden Sonnenstrahlen erzählen könnte – man kommt der Wahrheit viel näher, wenn man die Existenz von blaurötlichen Nasenspitzen, fröstelnden Gliedern und zerzausten Haaren am ersten Mai konstatiert. Daß sich das Wiener Völklein von der Ungunst der Witterung nicht abhalten lassen wird, den ersten Mai auf offener Straße, und unter den Kastanienbäumen des Praters zu feiern, war vorauszusehen. Eine dichte Menschenhecke säumte die Ringstraße und Jägerzeile zu beiden Seiten des Fahrwegs ein und unten im Prater standen die Neugierigen Kopf an Kopf und bewunderten die kühnen Frauen, die in durchsichtigen Frühlingstoiletten, im offen Wagen sich allen Unbilden des unerbittlich blasenden Westwindes aussetzten. Der Corso war ein ungemein belebter und waren die Wagen schon von der Aspernbrücke an gezwungen, im Schritt zu fahren. […]

Das Ereignis des Tages bildete übrigens die Besichtigung des Konstantinhügels – jenes merkwürdigen Erdhaufens, der bereits so zahlreiche schlechte und gute Witze veranlasst hat. Ein Fachmann meinte kürzlich, man möge den Tag nicht vor dem Abend tadeln und mit der Aburteilung der Erdwarze, der man so voreilig einen stolzen fürstlichen Namen beigelegt hat, warten, bis die ganze Praterverschlechterung zu Ende geführt ist. Der Mann hat vielleicht Recht, aber wahr bleibt es darum doch, dass dieser Konstantinhügel samt Wasserfall und Teich das Geschmackloseste ist, was in Wien seit langer Zeit der Öffentlichkeit geboten wurde. Die Delikatessen Sachers können vielleicht die Gourmands mit dem Aufenthalt a u f dem Hügel versöhnen, das Publikum, das u n t e n spazieren geht, fährt oder reitet, wird nur lachen über diese Verunstaltung. Fürst Hohenlohe schwärmt bekanntlich für seine Idee der Praterverschönerung – Kavaliere haben das Privilegium, Launen und barocke Einfälle zu haben und auszuführen – aber selbstverständlich im eigenen Hause und auf eigene Kosten. Dass der Fürst seinen Geschmack dem Publikum in einem dem öffentlichen Vergnügen gewidmeten Parke auf Kosten des Staates, respektive Hofstaates – was schließlich doch alles eines ist – aufdrängt, ist sehr bedauerlich. Und noch ein Wort an den Fürsten: Es heißt, daß der Schöpfer des verbesserten Praters, Herr Gaudoin, aus Paris hieher berufen, mit förmlichem Kontrakt in den Dienst, des Hofes, respektive des Staates, aufgenommen worden ist.

Neues Fremden-Blatt, 2. Mai 1871

Konstantinhügel im k. k. Prater.

Der Konstantinhügel, eine künstliche Aufschüttung, besteht aus dem Aushubmaterial der 1873 errichteten Rotunde. Am 1. Mai 1871 eröffnete Eduard Sacher „am Hügel" ein Restaurant, benannt nach Obersthofmeister Konstantin Fürst zu Hohenlohe-Schillingsfürst (1828–1896).

Sacherteich am Konstantinhügel: „Sturz in das kalte Wasser"

Ein Bootsunfall am Konstantinhügel

In fortgesetzter Verhandlung hatten sich gestern vor dem Strafrichter des Bezirksgerichtes Leopoldstadt Landesgerichtsrat Dr. Pick der 16jährige Bootsmann Ernst Jappchen und der Bootsvermieter Gustav Bierner wegen einer unter sonderbaren Umständen begangenen Gefährdung der körperlichen Sicherheit zu verantworten. Am 7. September 1913 bestieg die Finanzsekretärsgattin Ludovika Rubim mit ihren zwei Kindern im Prater am Konstantinhügel ein Boot, das von Jappchen gerudert wurde. Kaum war das Boot einige Meter vom Ufer abgestossen, als es umkippte und sämtliche Insassen ins Wasser fielen, sie wurden jedoch gerettet und mittels eines rasch herbeigeholten Automobils in ihre Wohnung gebracht.

Wegen dieses Unfalles wurde sowohl der Bootsführer Jappchen als auch der Vermieter des Bootes Gustav Bierner wegen Gefährdung der körperlichen Sicherheit angeklagt. Jappchen hatte sich dahin verantwortet, daß er Frau Rubim, die mit ihrer zehnjährigen Tochter auf dem mittleren Sitzbrett im Boote Platz genommen hatte, während er selbst mit ihrem Sohne das vordere Sitzbrett einnahm, sofort darauf aufmerksam gemacht habe, daß sie zu weit rechts sitze; er habe sie auch ersucht, ihren Platz mehr gegen die Mitte des Bootes zu verlegen, was sie jedoch nicht getan habe. Infolge der einseitigen Belastung sei das Boot gleich nach dem zweiten Ruderschlag gekentert. Die als Zeugin einvernommene Frau Rubim hatte die Darstellung des Angeklagten bestritten und behauptet, daß das Boot von allem Anfange an Wasser enthalten und daß sie ihren Platz nach der ausdrücklichen Weisung des Bootsführers eingenommen habe. Infolge des durch den Sturz in das kalte Wasser verursachten Schreckens habe sie einen Nervenschok erlitten, an dessen Folgen sie noch lange Zeit hernach laboriert habe. Aus einer vom Richter zur Verlesung gelangten Zuschrift der Polizei war hervorgegangen, daß die Tiefe des sogenannten Sacherteiches am Konstantinhügel an keiner Stelle mehr als höchstens einen Meter beträgt.

Nach durchgeführtem Beweisverfahren verurteilte der Richter den Angeklagten Jappchen zu einer Geldstrafe von 30 Kronen, eventuell drei Tagen Arrests, während der Angeklagte Gustav Bierner über Rücktritt des staatsanwaltschaftlichen Funktionärs Dr. Freiherr von Konrad freigesprochen wurde.

DIE NEUE ZEITUNG, 19. MÄRZ 1914

Praterpartie — Teich bei Constantinhügel

Im Gegensatz zu zahlreichen anderen Gewässern im Prater ist der neben dem Konstantinhügel befindliche Konstantinteich, ebenfalls von Menschenhand geschaffen.

Landpartien zum Lusthaus

Für die dreißigste Versammlung deutscher Naturforscher und Aerzte, welche im September in Wien stattfindet, wurden die Programme genehmiget. Wir entnehmen denselben folgenden Auszug. Die Versamlung dauert von Montag den 17. bis Sonntag den 23. September. Am Montag ist nach der allgemeinen Versammlung gemeinschaftliche Tafel. Am Dienstag sind Sektionssitzungen; am Mittwoch nach der allgemeinen Sitzung gemeinschaftliche Tafel und Ausflug in das Prater-Lusthaus; Donnerstag sind Sektionssitzungen und sodann Bewirthung der Gesellschaftsmitglieder im Namen Sr. Majestät des Kaisers in Schönbrunn; Freitag werden Ausflüge nach Baden und Laxenburg vorgenommen; am Samstag ist die Schlußversammlung; am Sonntag wird eine Fahrt über den Semmering vorgenommen. Die Sitzungen werden im Redoutensaale der k. k. Burg gehalten. Die Versammlung besteht aus Mitgliedern und Theilnehmern; Mitglieder sind nur Schriftsteller im naturwissenschaftlichen oder ärztlichen Fache, Theilnehmer kann jeder Fachmann sein. Beim Empfange der Aufnahmskarten werden 5 fl. bezahlt. Zu den allgemeinen Versammlungen erhalten auch Nichtfachmänner gegen Eintrittskarten Zutritt.
Der Humorist, 17. Juni 1855

Die „pikanten Geschichten"

Graf X. kömmt wie gewöhnlich in die Soirée der Fürstin Z. Ein geringfügiger Streit mit Marquis Y. führt zu einer Forderung. – Beide Parteien finden sich des andern Tages nächst dem Lusthaus im Prater ein. Graf X. hat den ersten Schuß? – was ist das – das Pistol geht nicht los? Man lacht. Marquis Y. hatte gewettet, daß Graf X., welcher als furchtsam gilt, sich doch duellieren werde. Die Gräfin jedoch, besorgt um ihren Gatten verwechselte die Pistolen mit Anderen aus Chokolade.

Lachend fuhren die Zweikämpfer in die Stadt zurück und brachten bei Sacher ein Hoch auf die Gräfin aus.
Kikeriki, 26. März 1863

Das im Grundriss oktogonale Lusthaus wurde von 1781 bis 1783 im Auftrag Josefs II. von Isidore Canevale erbaut. Dieser hatte 1775 das Eingangstor zum Augarten errichtet und 1784 den sogenannten Narrenturm auf dem Gelände des Allgemeinen Krankenhauses gebaut. ▶

Eine Maifahrt zum Lusthaus

Kunstnotizen: Die Maifahrt des Singvereins

Mittwoch Nachmittags, vom herrlichsten Wetter begünstigt, unternahm der Singverein unter der Leitung seines Chormeisters Hrn. Herbeck einen Ausflug in den Prater, an welchem sich die Mitglieder sehr zahlreich betheiligt hatten. Von der animiertesten Stimmung begleitet, gelangte man mittelst Separatdampfer nach ½stündiger Fahrt bis zum Lusthaus, wo sodann auf einer freien Waldwiese Halt gemacht wurde und sich die Gesellschaft in malerischen Gruppen lagerte. Eröffnet wurden die Productionen mit einem von Hrn. Josef Weyl eigens zu diesem Zwecke verfaßten sehr sinnigen Prolog, der von Hrn. Herbeck in wirksamer Weise gesprochen wurde. Hieraus wechselten Chöre von Mendelssohn und Herbeck in reger Aufeinanderfolge ab, die durch das Echo aus dem Walde einen erhöhten Reiz darboten. Nicht nur für musikalischen Genuß, sondern auch für die leiblichen Bedürfnisse war im reichlichsten Maße Sorge getragen; schließlich wurde noch ein kleiner Tanz im Freien veranstaltet, zu welchem ein improvisiertes Orchester aus den Herren der Gesellschaft aufspielte und der mit der Abbrennung eines Feuerwerkes endete. Die Heimfahrt ward unter fröhlichem Sang und bengalischer Beleuchtung angetreten. Um die Fahrt den Strom aufwärts, welche bei Vollmondsbeleuchtung einen eigenthümlichen Eindruck in den Gemüthern Aller hervorrief, zu verkürzen, stimmte die Gesellschaft noch einige frische Chöre an, bis endlich um 11 Uhr der Landungsplatz glücklich erreicht wurde.

Blätter für Musik, Theater und Kunst, 29. Mai 1869

Der Künstler Ernst Graner (1865–1943) war ein Aquarellist, der Bilder zahlreicher, meist Wiener Motive schuf. Er studierte unter dem bekannten Landschaftsmaler Eduard Peithner von Lichtenfels (1833–1913) an der Akademie der bildenden Künste in Wien. ▶

Ein Tag auf der Wiener Weltausstellung

Besuch der Ausstellung

Wir brauchen solche Tage, wie uns die allgütige Mutter Natur gestern geschenkt; da strömt Alles dem Prater zu und in dichten Schaaren strebt das Publicum zu Fuss und zu Wagen den Ausstellungsplatz zu erreichen; das Wetter, das am Morgen etwas unsicher schien, wurde mit jeder Stunde schöner, und Nachmittags stand die frohe Hoffnung fest, dass wir einen schönen Abend haben würden. Der Zudrang war am stärksten wieder in der Kunsthalle und im „Pavillon des amateurs"; alle Restaurationen waren voll und namentlich die im Freien aufgestellten Tische dicht besetzt. Wir machten die unliebsame Bemerkung, dass einige dieser Etablissements wieder mit den Preisen hinaufgegangen sind; sollte dieser Unfug fortbestehen, so werden wir nicht Anstand nehmen, nähere Daten zu bringen. Dass in dieser Richtung keine unbilligen Ausschreitungen vorkommen, dafür soll die Mehrzahl der Gastwirthe selbst sorgen, damit nicht wegen der Sünden Einzelner, wie dies bereits einmal schon der Fall war, Alle leiden. Solche Preis-Excesse verscheuchen das Publicum überhaupt. Trotz des zahlreichen Besuches, dessen sich die Ausstellung gestern zu erfreuen hatte, kam weder ein Unfall noch eine Störung der Ordnung vor. Wie wir hören, wird die so oft angekündigte Eröffnung des Aufzuges in der Rotunde erst morgen stattfinden. Vorgestern besuchten (Samstag) 30.751 Personen die Ausstellung. Davon zahlten 11.122 Personen den Eintrittspreis von einem Gulden, 4337 passirten mit Wochen-, Officiers- und Studentenkarten, 10.445 mit Legitimations- und 4847 mit Arbeiterkarten. Gestern (Sonntag) erschienen 68.160 Personen in der Ausstellung. Davon zahlten 49.136 den Eintrittspreis von fünfzig Kreuzer, 5405 Personen passirten mit Wochen-, Officiers- und Studentenkarten, 9667 mit Legitimations- und 3952 mit Arbeiterkarten. Heute dürfte der Besuch der Ausstellung wieder ein sehr günstiges Resultat ergeben, da schon bevor die Kassen eröffnet wurden, das Publicum so dicht an den Tourniquets erschienen war, dass dieser Anblick lebhaft an den berühmten „Einlass vor dem Burgtheater" erinnerte. Bis heute Mittags 12 Uhr hatten 17.693 Personen die Tourniquets passirt, 12.287 zahlten von diesen den Eintrittspreis von fünfzig Kreuzer, 977 Personen passirten mit Karten zu ermässigten Preise und 5429 mit Legitimationskarten.

INTERNATIONALE AUSSTELLUNGS-ZEITUNG, 17. JUNI 1873

Die Wiener Weltausstellung wurde unter denkbar ungünstigen Voraussetzungen (Börsenkrach) am 1. Mai eröffnet und dauerte bis zum 2. November 1873. Statt der erhofften 20 Millionen Besucher kamen nur 7,25 Millionen. Die meisten kamen am letzten Tag; am 2. November wurden 139.037 Besucher gezählt.

Krieau: „würdige Trabbahn"

September-Trabwettfahrten 1878.
Eröffnung der neuen Rennbahn

Sonntag den 29. September
Der früher in Wien so populäre Trabsport schien in letzter Zeit ziemlich stark an Beliebtheit verloren zu haben. Die früher so hell lodernden Sympathien waren sichtlich im Einschlafen begriffen. Den Grund davon wollte man in den momentanen Handhabungen des Trabrennsports suchen. Zu „schauen" gab es wenig und das „Sich anschauen lassen", ist doch mehr oder weniger an gewisse Grenzen gebunden. Als einziges Heilmittel wurde eine vollständige Reorganisation des Trabsports und vor allen Dingen eine einer Großstadt würdige Trabbahn empfohlen. Nach jahrelangen Bemühungen ist die letztere so warm ersehnte Idee durch das Wohlwollen Se. Majestät des Kaisers endlich verwirklicht worden. Dem Trabrennverein wurde im Weltausstellungsrayon ein Platz oberhalb der Rotunde angewiesen, auf dem eine Rennbahn in fachgemäßer Weise angelegt wurde. Am heutigen Tage wurde die Bahn inaugurirt. Wir können im Allgemeinen dem Rennverein nur gratuliren und hegen die Ueberzeugung, daß die mehrfachen Uebelstände, die sich heute herausstellten, für die Folge sicher abgestellt werden. Vor allen Dingen ist eine größere Ordnung auf der Bahn dringend geboten: Der Besuch des Publicums war sicher zufriedenstellend; erweckt die neue Bahn und die neuen Maßnahmen aber die bereits eingelullten Sympathien zu neuem Leben, so dürfte der Andrang des Publicums die unangenehmsten Situationen heraufbeschwören. – Vor allen Dingen ist die Anlegung einer festen Barriere an der inneren Seite der Bahn eine Maßnahme, welche im Interesse der Sicherheit dringend geboten scheint.

Das Auflaufen des „Polawin", welches glücklicherweise ohne böse Folgen verlief, war ein warnendes Beispiel für die Zukunft. Mit halben Maßregeln, wie Netze und Draht, ist nichts gethan.

Die Deputation des russischen Husaren-Offiziere, welche sich zur Beglückwünschung des Erzherzogs Karl Ludwig in Wien befindet, erschien für kurze Zeit auf dem Rennplatz, um sich an dem heimischen Sport zu erfreuen. […]

DIE PRESSE, 30. SEPTEMBER 1878

Der erfolgreiche Hengst „Lüle Burgas" war während des Ersten Weltkriegs nicht nur in der Wiener Krieau, sondern auch bei Rennen in Baden bei Wien oder in Budapest anzutreffen.

Praterpoesie im „Kikeriki"

Das Wildschwein im Prater

Ein Wildschwein ist im Prater.
Wo mag die Sau wohl sein?
Ist sie im Jantschtheater
Wohl engagiert? O nein!

Ist hinter der Rotunde
Am Trabrennplatz das Tier?
O nein, nach einer Runde
Wär' da die Sau schon – stier.

Ist im Krieaugelände
Dort in der Meierei
Bei schönen Frau'n am Ende
„A solche" auch dabei?

Ist sie beim Sport, dem wahren,
Drunt' in der Freudenau?
Dort hätten die Magyaren
Längst reklamiert die Sau.

Ist sie bei den Schiffsmühlen?
Ist sie am Praterspitz?
Tat glücklich auf sie zielen
Ein wilder Praterschütz'?

Wo sich das Schwein befinde,
Ganz unklar ist die G'schicht.
Nur ein's weiß ich geschwinde:
In meinem Magen nicht!

Kikeriki, 21. Oktober 1917

Das 1892 eröffnete Jantschtheater geht auf das Fürsttheater zurück. Ab 1898 führte man es nach einem Umbau als großstädtische Bühne. 1905 wurde daraus ein „Lustspieltheater", das 1927 zum Kino mutierte und nach dem Zweiten Weltkrieg am 11. November 1949 erneut öffnete.

„Bis zum Praterspitz laufen und wieder zurück, das ist das Rezept, nach dem man schlank wird, nicht zu viel essen, besonders aber keine Mehlspeisen!", empfahl das „Neue Wiener Journal" am 12. April 1914. Der Praterspitz bezeichnet die Mündung des Donaukanals in die regulierte Donau.

k. k. Augarten: „häufig besuchte Morgenconcerte"

Concert im k. k. Augarten

Wer erinnert sich nicht mit Vergnügen der ehemaligen häufig besuchten Morgenconcerte im k. k. Augarten? Wenn nun ein Fremder, nach einer Abwesenheit von wenigen Jahren, nach Wien zurückgekehrt, und in der Hoffnung ein eben so zahlreiches Publicum wie ehemals zu finden, in der neunten Morgenstunde des 24. May in den Augarten geeilt wäre, um dem Concert beyzuwohnen, welches der geschätzte Compositeur der allgemein beliebten Oper: Libussa, Herr Capellmeister Kreutzer, an demselben Orte, in einem eleganteren Locale, bey dem schönsten Wetter, von den beliebtesten Künstlern unterstützt, und doch nur bey spärlichem Besuche veranstaltet hatte – könnte man es ihm verargen, wenn er auf die Vermuthung geriethe, daß der Geschmack für Musik bey dem kunstliebenden Publicum der Kaiserstadt bereits den Culminationspunct überschritten habe, und sich in absteigender Linie bewege? – So unbegründet auch eine solche Behauptung wäre, so ist doch nicht zu läugnen, daß die Musikliebhaberey der Wiener an einer Übersättigung erkrankt ist, die, durch allzuhäuffgen Genuß herbeygeführt, eine heilsame Diät gebieterisch fordert, um die überreizten Sinne neuerdings empfänglich zu machen; und diese wohlthätige Diät wäre wohl am besten dadurch zu erzwecken, wenn nicht jedem nur einiger Maßen erträglichen Schüler, dem sein Meister irgend ein Paar Concertstücke mit unsäglicher Mühe eingetrichtert hat, sondern nur ausgezeichneten Künstlern, von begründetem Rufe verstattet würde, sich öffentlich hören zu lassen. Das Concert des Herrn Kreutzer betreffend, ist es um so mehr zu bedauern, daß es nicht besuchter war, weil es wirklich zu den ausgezeichneteren gehörte, welche wir seit langer Zeit zu hören Gelegenheit hatten. Herr Kreutzer bewies neuerdings sein eminentes Talent als Clavier-Virtuos und als Compositeur. Wir freuten uns sehr die Ouverture der Oper: Die Insulanerinnen, wieder zu hören, deren Aufführung wir vor einigen Jahren in Stuttgart beywohnten, und erinnerten uns mit Vergnügen dieses lieblichen Singspiels, das unstreitig zu den gelungensten Werken, des talentvollen Tonsetzers gehört. Mlle. Sontag und Mad. Schütz sangen jede eine italiänische Arie, und am Schlusse zusammen ein Duett, worin sie reiche Gelegenheit fanden, ihre schönen Stimmen und ihre fortschreitende Kunstfertigkeit zu zeigen. Herr Heurteur declamirte, oder las vielmehr, Laun's Gedicht: Glaube und Muth, mit gewohnter Kraft und Deutlichkeit, und bedeutender Wirkung. Das versammelte Publicum verließ den Saal sehr befriedigt, und bedauerte den wackern Concertgeber, der sich dießmal mit der Ehre und dem Bewustseyn, einen zahlreicheren Zuspruch verdient zu haben, begnügen mußte.

Wiener Zeitschrift, 29. Mai 1823

Isidore Canevale erbaute das mächtige Tor zum Augarten, dem ältesten Barockgarten Wiens mit folgender Inschrift: „Allen Menschen gewidmeter Erlustigungs-Ort von ihrem Schaetzer" an der Innenseite markiert eine Tafel die „Wasserhöhe von 28en Februar auf den 1ten Maerz 1830".

„O Augarten, laß dich beweinen!"

Augarten

Aus seinem Dornröschenschlaf erwacht heute der alte Augarten. Seit der große Krieg begann, hörte man vom Augarten nur im Zusammenhange mit dem edlen Wirken der Erzherzogin Maria Josepha, die im stillen Augarten Palais mit einem Stabe von Pflichtgetreuen die Wunden zu heilen bestrebt ist, die das Völkerringen geschlagen. Heute wird der Augarten wieder ganz dem Publikum gehören und alle Welt wird sich darin nach Herzenslust unterhalten können. Die Geschichte des Augartenpalais reicht auf Kaiser Ferdinand III. zurück. Sein Sohn Leopold I. kaufte 1683 die an die alte Favorita – denn, so hieß damals der Augarten – grenzenden Gründe des Grafen Trautsohn und erweiterte das Schloß. Er ließ einen Lustgarten anlegen, dem kein langes Leben beschieden sein sollte. Denn wenige Monate darauf kamen die Türken, besetzten die Leopoldstadt als strategisch wichtigen Punkt, bauten in der Favorita Schanzen, zerstörten die jungen Parkanlagen und verwandelten das kaum vollendete Schloß in eine Ruine. Erst Kaiser Josef I. ließ 1704 das Gebäude restaurieren. Da Karl VI. die neue Favorita auf der Wieden – das heutige Theresianum – Maria Theresia aber ihr vielgeliebtes Schönbrunn bevorzugte, so wurde der Augarten vom Hofe lange Zeit vernachlässigt. Erst unter Josef II. begann das Verständnis für die Schönheiten des Gartens wieder zu erwachen. Der Kaiser erweiterte den Garten, legte Alleen an, führte gegen Norden eine breite Terrasse auf und gab die Anlagen dem Publikum frei. Sonntag den 30. April 1775 fand die Eröffnung statt. Abends brannte der k. k. Kunstfeuerwerker Girandolini auf der angrenzenden Donauinsel ein prächtiges Feuerwerk ab. Die meisten der ungezählten Anekdoten von Josef II. haben im Augarten ihren Schauplatz. Im Jahre 1782 traten zu allen Reizen der Natur und des gesellschaftlichen Lebens noch die berühmten „Morgenkonzerte", deren erster Leiter Mozart war. Kaiser Josef II. wandte seiner Lieblingsschöpfung bis an sein Ende große Sorgfalt zu. Bemerkt sei noch, daß mit Ausnahme der Terrasse „der Wohlanständigkeit halber" das Rauchen verboten war. Nach Josefs Tode war das Schloß die Lieblingsresidenz seiner Schwester Christine. Aber mit der Glanzperiode des Augartens als Belustigungsort für die Wiener war es rasch vorbei. Prater und Burgbastei hatten ihn rasch aus dem Herzen der Wiener verdrängt. 1805 bis 1809 benützten die Franzosen den Gartensaal als Spital und ihre Soldaten waren es, die im Jahre 1809 den ebendort spazierengehenden Baron Sala, der nicht an der Schanzarbeit teilnehmen wollte, einfach niederknallten. Der Nobelgarten von Wien hatte seine Rolle ausgespielt. In den zwanziger Jahren des vorigen Jahrhunderts fanden die berühmten Konzerte nur mehr einmal im Jahre – am 1. Mai – statt. Heute wird der Augarten wieder dem Volke gehören. Und der gute alte Gräbsar würde bei dem festlichen Leben und Treiben glücklich sein wird sicherlich nicht mehr in seiner, Verzweiflung ausrufen: „O Augarten! Dahin sind deine goldenen Tage; verlassen bist du und einsam, eine gefallene Größe. Nichts bist du mehr, als eine große Trauerweide ein noch größerer Schatten ohne Licht! O Augarten, laß dich beweinen!"

FREMDEN-BLATT, 11. SEPTEMBER 1915

Nach einer Zeichnung von S. Kleiner. Serie VI, Karte 31.
Das alte Lustschloß „Favorita" im Augarten (von den Türken 1683 zerstört).
Gleich nach seinem Regierungsantritte bestätigte Ferdinand III. (1637—1657) die Stadtrechte Wiens, betonte aber gleich von vorneherein seinen rein katholischen Standpunkt. Den von Ferdinand II. mit den

Die Rückseite der Ansichtskarte enthüllt weitere Details: „Die Abbildung zeigt das Lustschloss Alte Favorita im Augarten als Ruine. Nach der Zerstörung durch die Türken im Jahre 1683 lag die Alte Favorita lange Zeit hindurch in Trümmern da."

Der Kaiserjubiläumsfestzug: die Leopoldstädter Sicht

Szenen in der Hauptallee

Gegen 7 Uhr waren die Massen in der Hauptallee, in der vom Hofärar für Hofbedienstete eine lange Reihe von Tribünen errichtet worden war, ins Ungeheure angewachsen. Zehnfach, an manchen Stellen fünfzehnfach sind die Reihen der Zuschauer. Ein Großteil des Publikums steht auf den Tischen der Restaurants an der Hauptallee und in den Bäumen hat die Jugend Platz genommen. Die Kellner haben alle Hände voll zu tun, um das Wegtragen der Stühle zu verhindern. Die Polizei ist diesem Menschandrang gegenüber fast ohnmächtig und jede behördliche Verfügung wird mit stürmischen Pfuirufen aufgenommen. Um ½8 Uhr marschieren Militärzöglinge auf. Sie erhalten den Befehl, vor dem Publikum Aufstellung zu nehmen. Das gibt das Signal zu förmlichen Sturmszenen, schrille Pfiffe ertönen und der Krawall nimmt erst ein Ende, als die Kadetten die Fahrbahn verlassen. Jeder Versuch, die Kadetten irgendwo zu platzieren, scheitert an dem stürmischen Widerspruch des Publikums. Zur selben Zeit passiert Polizeipräsident Brzesowsky die Hauptallee. Er war Zeuge der Sturmszenen.

Graf Wilczek

Programmgemäß um ½8 Uhr naht das Automobil des Ehrenpräsidenten Grafen Hans Wilczek, der eine Inspizierung des ganzen Zuges vornimmt.
    Jetzt weiß das Publikum, dass der Festzug naht.

Der Festzug beginnt

Wenige Minuten nach ½8 Uhr bewegen sich die ersten Gruppen durch die Hauptallee gegen den Praterstern. Eine größere Abteilung reitender Komiteemitglieder eröffnet den Zug, denen sich sofort die erste Gruppe „Rudolf von Habsburg" anschließt.
    Schon erscheinen die edlen Reiter im silberglitzernden Kettenpanzer. Sie boten ein wahrhaft vornehmes farbenglühendes Bild, denn jedes Pferd hatte einen seidenen Überwurf in den Farben des betreffenden Adelsgeschlechtes.
    Die Helme mit den charakteristischen Zierden werden noch in der Hand getragen oder am Sattelknopf befestigt. Den Kopf bedeckt nur die Kettenhaube.
    Weiter schreitet der Zug.
    Das Publikum ist ruhiger geworden und widmet seine Aufmerksamkeit den Vorgängen auf der Fahrbahn.

Der Kaiserjubiläumsfestzug fand anlässlich des 60. Regierungsjubiläumsjahres Kaiser Franz Josephs statt. Der Festzug dauerte drei Stunden bestand aus 12.000 Personen, von ihnen waren 4.000 in historischen und 8.000 in Nationalitätengruppen vertreten.

Unmittelbar auf die glänzende Ritterschaft folgte der Auszug von Wiener Bürgern zur Belagerung einer Raubritterburg. Hier waren es die schon erwähnten mächtigen Holzgeschütze, Schleudermaschinen und Mauerbrecher, die das Erstaunen der Menge hervorriefen.

Eine Stockung – Lärmszenen

Jetzt trat eine große Pause ein. Bei der Zusammenstellung der Gruppe Rudolf des Stifters scheint etwas nicht in Ordnung gewesen zu sein, denn es dauerte nahezu dreißig Minuten, bis endlich die Meldung eintraf, daß die dritte Gruppe vorläufig zurückbleibe und erst später eingereiht werde.

Mittlerweile hat sich das Publikum, namentlich bei der Uebersetzung zur Rotunde, verzehnfacht und eine dreireihige Soldatenkette vermag den Ansturm nicht standzuhalten. Der Kordon wird durchbrochen, mehrere Frauen fallen in Ohnmacht und Kinder geraten in Gefahr erdrückt zu werden. Die Rettungsgesellschaft wird berufen und bringt einige besonders arg mitgenommene Frauen zur Rettungsstation. [...]

WELT BLATT, 13. JUNI 1908

Auf der Taborstraße

Für das Volk!
Für das Volk von Wien, das sich keine der zuletzt doch noch verhältnismäßig billig gewordenen teuern Tribünensitze zu leisten vermag, muß auch etwas geschehen, damit es den Festzug unentgeltlich sehen kann. So lautete der allgemeine Ruf in den letzten Wochen und das Festzugskomitee trug diesem Ruf Rechnung. Die Marschroute des Festzuges wurde verlängert, indem er über die Taborstraße und die Kaiser Josefstraße [heute: Heinestraße] zum Praterstern dirigiert wurde.

Wie es scheint, ist aber das Volk von Wien über diese „Anstückelung" nicht besonders entzückt, denn zur Stunde – ½8 Uhr früh – läßt es sich ganz gewaltig mit dem Erscheinen Zeit. In der Taborstraße ist noch nicht die Spur einer Spalierbildung zu bemerken. Wahrscheinlich geht die allgemeine Anschauung dahin, daß gewissermaßen ein „letzter Aufguß des Festzuges" für das Volk doch nicht genug sei. Wenigstens deutet ein Gespräch zweier ehrbarer Spießer, die langsamen Schrittes den Karmeliterplatz passierten, darauf hin.

Einer (mit einem Blick zum wolkenlosen Himmel): Ujeh, haaß wird's wer'n, ka Wölkerl am Himmel, i schwiatz jetzt schon.

Zweiter: Ja, ja, gehmma auf a Krüagel Pils; mir wer'n eh net viel segn; bis der Zug bei dera Hitz in d' Taborstraßen kumt, gengen s' eh schon mit der Nas'n auf der Erd'.

Erster: No ja, wir müassen allaweil mit dem z'frieden sein, was übri' bleibt; nur bei die Steuern san ma d' ersten.

Wären nicht die verschieden Militärpiketts, die bei den Straßenkreuzungen aufgestellt sind, und die nicht allzu reichen Fahnen und Girlanden, man merkte nicht, daß in der Taborstraße etwas Besonderes los ist. Vielleicht kommt das Volk später.

Also warten wir!

Die Wirte haben allerdings große Vorbereitungen getroffen, um dem Volksandrang gewachsen zu sein. Wo es nur möglich ist, namentlich bei einmündenden Straßen, sind fliegende Schänken aufgestellt mit Bier und Würsteln. Ganze Faßpyramiden harren der Entleerung. Man hat das beruhigende Bewußtsein: „Verdursten wird niemand!" Das ist nicht viel, aber doch etwas.

Auf dem freien Platz vor dem „Café Alhambra" hat eine Militärkapelle Aufstellung genommen. Sie wird mit lustigen Märschen für Stimmung sorgen. Und das scheint notwendig.

Ohne Stimmung keine Begeisterung. Sonst frieren schließlich – trotz des erwarteten heißen Tages – die Hochrufe ein. Und auf etwas Begeisterung haben die Teilnehmer des Festzuges doch einigen Anspruch; sie müssen sich ja ehrlich plagen.

Die unverbauten Plätze schräg gegenüber vom „Bayerischen Hof" sind mit Tribünen verbrettert. Es ist also auch auf der Taborstraße für das „bessere Volk", nämlich für das zahlungsfähige, vorgesorgt. An der Ecke der Taborstraße mit der Kaiser Josef-Straße hat eine zweite Militärkapelle Aufstellung genommen. Das Publikum wird also doch auf seine Kosten kommen. Man weiß ja, wie dankbar der Wiener für schmetterndes Blech ist.

„Wann i a Musi' hör' …"

Die Geschäfte sind fast alle geöffnet. Die Inhaber, namentlich in dem Engpaß der Taborstraße, scheinen auf einen Massenandrang zu rechnen. Die meisten haben nämlich über die Auslagen ihrer Geschäfte mehrere Bretter nageln lassen, damit ihnen bei einem Riesengedränge nicht die Spiegelscheiben eingedrückt werden. […]

Blick auf der Taborstraße Richtung stadtauswärts; rechts das einstige Grand Hotel National, links im Bild springt ein Teil der barocken Fassade und das Querschiff der Karmeliterkirche vor.

10 Uhr. Wir haben jetzt in der Taborstraße ein ganz schönes Spalier von Militär. Aber die Volksansammlungen dahinter sind mehr als spärlich. Namentlich die linke Seite der Straße, wo sich die Vormittagssonne breit und behäbig auf das Pflaster legt, erfreut sich der weitestgehenden Unbeliebtheit. Diese warme Seite wäre doch nur für Leute gefährlich, die Butter auf dem Kopf haben, was bei den armen steuerzahlenden Volk gewiß nicht der Fall ist, das kann sich einen Butter-Luxus nicht gestatten, das hat ja heutzutage kaum mehr Margarine.

Die heutigen Taboristen in Wien mieden also, wie gesagt, den „Platz an der Sonne". Dagegen wird die Schattenseite schon ziemlich frequentiert. Die angesammelten Herrschaften vergessen, daß dieser schattige Teil von 12 Uhr ab – zur Sonnenseite wird.

An der Einmündung der Augarten- in die Taborstraße, ebenso an dem Bogen, wo der Festzug von der Tabor- in die Kaiser Josef-Straße abschwenken wird, hat sich ein mehrreihiges Spalier gebildet, das sich gegenüber der anderwertigen Verlassenheit – ganze Häuser weit steht kein Mensch – wie ein wimmelnder Ameisenhaufen ausnimmt. Dagegen ist die Kaiser Josef-Straße schon ziemlich „bespaliert".

Das Publikum verhält sich musterhaft. Kein Lärm, keine Aufregung, kein Zank. Es plaudert, trinkt und – schwitzt.

Es lebe die Wiener Gemütlichkeit. Sie hat nicht ihresgleichen in der Welt. Sie ist die köstlichste Gabe, die das Volk von Wien besitzt.

Welt Blatt, 13. Juni 1908

Karmeliterkirche: „Leichenbegängniß" und Liebesdrama

Gestern Nachmittag 1 Uhr hat das feierliche Leichenbegängniß des verstorbenen Herrn Feldmarschalls Maximilian Freiherrn von Wimpffen stattgefunden. Die ausgerückte dienstfreie Garnison hatte ihre Aufstellung in der Leopoldstädter Hauptstraße genommen und setzte sich nach erfolgter Einsegnung der Leiche in der Karmeliterkirche in der üblichen Weise zum Nordbahnhofe in Bewegung. In der Schwimmschul-Allee angelangt, nahmen die ausgerückten Truppen dort Aufstellung und wurden die Geschütz- und Gewehrsalven gegeben, während der mit den Wappen und Ehrenzeichen des Verstorbenen geschmückte Leichenwagen, begleitet von einer Infanterie- und Cavallerie-Abtheilung, in den Nordbahnhof fuhr. Die letzte Ruhestätte findet Marschall Wimpffen in Wetzdorff, wo der bekannte Militärfreund und Gutsbesitzer Herr Pakfrieder [sic!] eine Ruhmeshalle aller berühmten österr. Feldherren gegründet und eine Marschallsgruft gestiftet hat. Alle Generale, die Garden und viele Civil-Autoritäten hatten sich dem Leichenzuge angeschlossen.
DER HUMORIST, 1. SEPTEMBER 1854

Schluß des Liebesdramas in der Leopoldstadt

Vorgestern Nachmittags wurden die Leichen des unglücklichen Liebespaares Eduard Schindera und Marie Piecka, welche sich am 1. d. M. in der Leopoldstadt, Taborstraße, im Hotel „zum goldenen Brunnen", gemeinschaftlich tödteten, in der Leichenkammer der Leopoldstadt, Krummbaumgasse (des Strafhauses), im Beisein der beiden unglücklichen Mütter angekleidet und aufgebahrt. Marie Piecka war mit einem weißem Brautgewande mit Schleier und Myrthenkranz und Schindera mit einem schwarzen Salonrock bekleidet. Die Leichen waren durchaus nicht entstellt. Nach in der Karmeliterkirche erfolgter Einsegnung wurden die reich mit Blumenkränzen überdeckten Särge auf zwei Leichenwagen gebracht, so auf den St. Marxer Friedhof überführt, daselbst gemeinschaftlich in ein eigenes Grab beigesetzt. Tausende von Menschen wohnten' diesem Leichenbegängnisse bei.
MORGEN-POST, 6. JUNI 1874

Die dem hl. Josef geweihte frühbarocke Karmeliterkirche geht auf Kaiser Ferdinand II. zurück. Er gab den Karmelitern 1623 einen Platz im „Unteren Wird" für eine Kirche und ein Kloster.

Ein aktiver Gebetsverein in der Leopoldskirche

Gebetsverein zur immerwährenden Verehrung des heiligen Joseph

Die zweite Quartalversammlung des Gebetsvereins zur immerwährenden Verehrung des heil. Joseph am 29. September d. J. in der Pfarrkirche zu St. Leopold in Wien war sehr zahlreich besucht. Der Vereinsvorstand hielt die Conferenzrede und erklärte, der Zweck des Vereines sei nicht bloß, die Verehrung des heil. Patriarchen in weitere Kreise zu verbreiten, sondern auch der Kirche eine neue Schar von eifrigen Betern zur Verfügung zu stellen, die den mächtigen Schutzpatron der katholischen Kirche, den heil. Joseph, um Schutz und Hilfe anflehen in den gegenwärtigen Bedrängnissen. Daher sei das anempfohlene Vereins-Gebetlein: „O heil. Joseph, unser Führer, schütze uns und die heil. Kirche" ganz passend und zeitgemäß. Zum Schlusse fordert der Redner die Vereinsmitglieder auf, die vielen und großen in den Vereinsablässen dargebotenen Gnaden recht eifrig zu benutzen. Gegenwärtig zählt der Verein 1142 Mitglieder. Bisherige freiwillige Gaben zur Ausschmückung des Vereinsaltares: 126 fl. 85 kr. Davon wurden ausgegeben 58 fl. 31 kr. Die Anschaffung eines neuen Bildes für den Vereinsaltar wurde in Aussicht genommen. Den Mitgliedern diene zur freudigen Nachricht, daß Se. Eminenz der hochw. Herr Kardinal Fürst-Erzbischof von Wien Joseph Othmar Ritter v. Rauscher das Protectorat des Vereins allergnädigst anzunehmen geruht hat. Anmeldungen zum Beitritt und freiwillige Beiträge zur Ausschmückung des Vereinsaltares werden entgegengenommen, sowie Auskunft in allen Vereinsangelegenheiten mündlich und schriftlich ertheilt unter der Adresse: Dr. Jos. Deckert, Cooperator bei St. Leopold, Wien, 2. Bez., große Pfarrgasse Nr. 13.

Das Vaterland, 9. Oktober 1872

Am 18. August 1670 legte Kaiser Leopold I. den Grundstein zur Kirche, die am 5. September 1671 geweiht und bereits 1683 zerstört wurde. Das heutige Gotteshaus geht auf Baumeister Anton Ospel zurück, der den Bau von 1722 bis 1724 errichtete.

Barmherzige Brüder: „Haus, das seit 300 Jahren der Nächstenliebe dient"

Verwundeten-Fürsorge

In den ersten Morgenstunden des heutigen Tages traf der erste Zug von auf dem nordöstlichen Kriegsschauplatze Verwundeten – etwa 250 Mann – bei der im Spitale der barmherzigen Brüder in Wien (Taborstraße) etablierten Zweigstation des Roten Kreuzes ein. Die ehrwürdigen Brüder, die Primarärzte und die im vor kurzem beendeten Kurse zur Heranbildung von Hilfskrankenpflegern ausgebildeten Akademiker empfingen die Tapferen. Bald war die Umkleidung und Unterbringung vollzogen. Die Kranken, die zumeist Schuß- (Schrapnell-) oder Stichverletzungen verschiedener Grade hatten, waren bald in den Betten untergebracht und konnten nach so vielen Strapazen und nach vielstündiger anstrengender Fahrt der wohlverdienten Ruhe pflegen. Für Labung war vorzüglich gesorgt, die Verbände wurden revidiert, wo notwendig, erneuert. Gegen 11 Uhr vormittags traf Se. K. und k. Hoheit der durchlauchtigste Herr Erzherzog Franz Salvator im Spital ein, um nach Empfang durch den Leiter der Station Dr. Wittmann unter Begleitung des Pater Provinzials und Pater Priors, des Primararztes Dr. von Gleich die Verwundeten zu besuchen. Die meisten erfreuen sich teilnehmender Ansprache des erlauchten Besuchers, der dann auch den Operationssaal und das neu eingerichtete Röntgen-Zimmer in Augenschein nahm, wo bereits unter fachmännischer Leitung Dr. Senfelders hergestellte röntgenographische Aufnahmen von Schußverletzungen gezeigt wurden. Nach einstündigem Aufenthalte verließ der Herr Generalinspektor die erst kürzlich neu instand gesetzte Anstalt, sichtlich befriedigt über die vorzügliche Art, in der in diesem Hause, das seit 300 Jahren der Nächstenliebe dient, für diejenigen gesorgt wird, die für Gott, Kaiser und Vaterland ihr Herzblut zu opfern bereit waren.

Im Laufe des heutigen Tages sind mit verschiedenen Zügen von beiden Kriegsschauplätzen ungefähr 400 Verwundete und Kranke in Wien angekommen. Sie wurden von dem Sanitätsdienste des Roten Kreuzes und der Rettungsgesellschaft in die Spitäler gebracht.

Wiener Zeitung, 3. September 1914

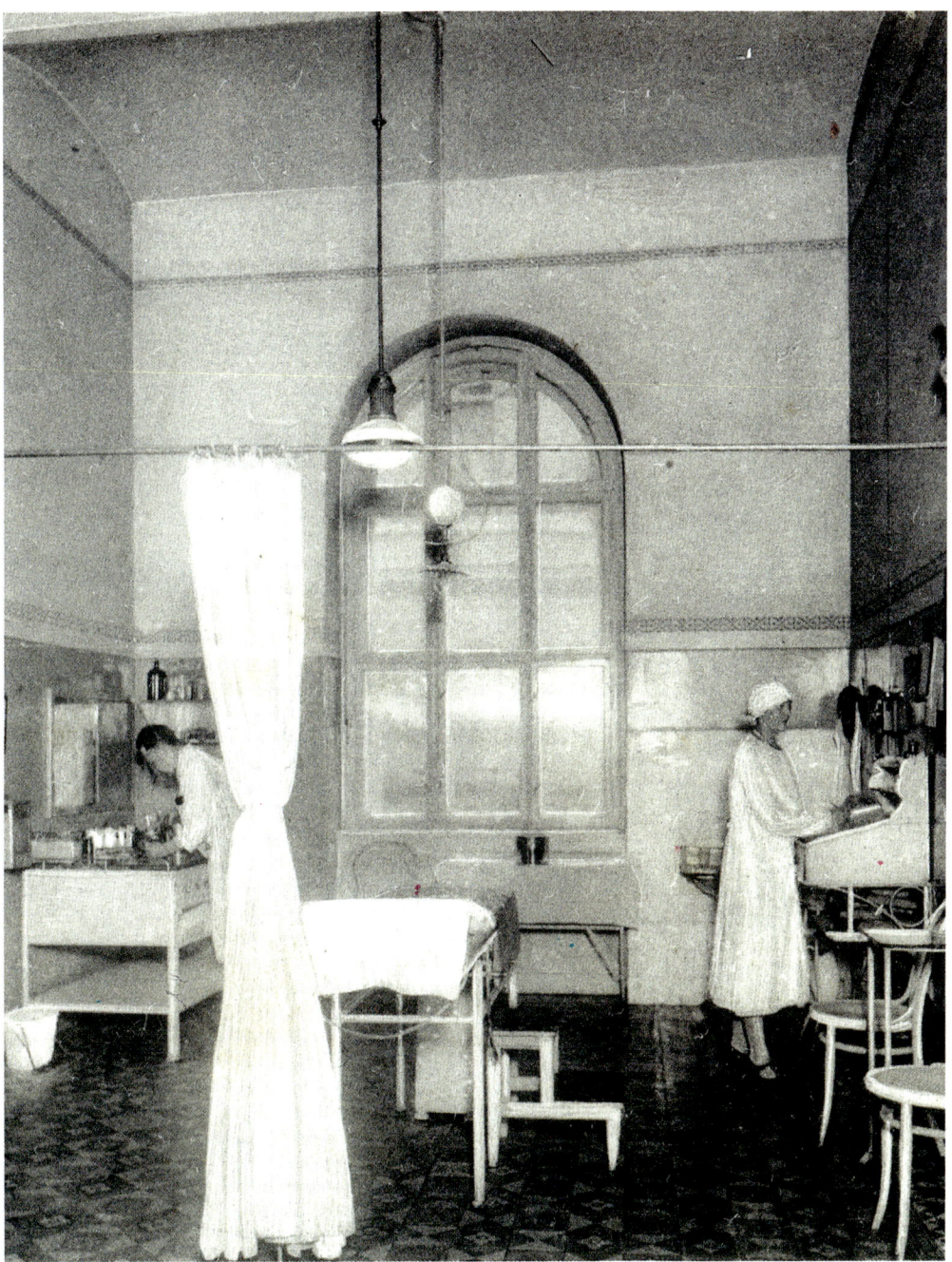

Das Krankenhaus der Barmherzigen Brüder in Wien wurde 1614 gegründet. Damals verfügte es über 12 Betten; heute sind es über 400. Im Stiftungsbrief vom 20. September 1624 erlaubte Kaiser Ferdinand II. dem Bettelorden, öffentlich Almosen in den Erbländern der Habsburger zu sammeln.

Butterbetrüger im „Sächsischen Hof"

Der Preistreiber in Uniform

Vor dem Bezirksgericht Leopoldstadt erschien gestern in Militäruniform als Häftling der in Schlaggenwald in Westböhmen geborene Viehalter Hans Schmidt. Am 17. d. M. kam er in das Hotel Sächsischer Hof und bot einem Manne zehn Kilogramm ausgelassene Butter für 1000 Kronen an. Er hatte Pech, denn der Mann, den er sich als Käufer ausersehen hatte, war ein Polizeiagent und arretierte den Butterbesitzer. Der Arretierte gab sich bei der Polizei als der Urlauber Otto Boralik aus. Er hatte auch die Reise nach Wien mit diesem Urlaubsschein gemacht. Vor Gericht gab er an, daß er sich, um umsonst nach Wien fahren zu können, wo er die Butter verkaufen wollte, des falschen Urlaubsscheines bediente, da sein Urlaubsschein nicht über Wien ging. – Richter: Das ist ein Betrug, was ein Mann von Ihrem Bildungsgrad und Ihrer Intelligenz wissen muß. – Ueber die Butter gab der Angeklagte an, er sei bis zu seiner Abrüstung in einer Verpflegsanstalt in Vöcklabruck tätig gewesen und ein Oberleutnant namens Kuppermann habe ihm die Butter zur Veräußerung angeboten. – Bezirksrichter Dr. Nehoda: Wo ist dieser angebliche Oberleutnant Kuppermann? – Angekl.: Das weiß ich nicht. – Richter: Hat er Ihnen denn die Butter nicht in Vöcklabruck übergeben? – Angekl.: Nein, er hat mir nur gesagt, wo sie in Wien lagert und ich solle sie um 100 Kronen das Kilogramm veräußern. – Richter: Und wo sollten Sie denn in Wien mit ihm zusammentreffen? – Angekl.: Darüber wurde nichts gesprochen. – Richter: Ich glaube nicht, daß der angebliche Oberleutnant einem wildfremden Mann die Butter zum Verkauf übergeben hat; das scheint erfunden zu sein. – Angekl.: Das ist alles wahr. Ich bitte um Gnade! – Richter: Ich habe keine Gnade zu üben, ich habe Recht zu sprechen. – Angekl.: Ich bin ganz unschuldig. – Richter: Unschuldig heißen Sie das, wenn Sie mit einer falschen Legitimation, die Sie vielleicht selbst angefertigt haben, um hier wucherische Geschäfte zu machen, hieher kommen? Solche Leute müssen streng bestraft werden. – Angekl. (weinend): Ich bitte um Gnade. Richter: Das hätten Sie sich überlegen sollen, bevor Sie solche Geschäfte angefangen haben. Das Weinen hat gar keinen Zweck. – Der Richter verurteilte den Angeklagten, der heftig schluchzte, wegen Preistreiberei und Betruges zu drei Wochen Arrest und sprach den Verfall des Erlöses für die beschlagnahmte Butter aus.

Arbeiter Zeitung, 24. Dezember 1918

Das Gebäude des einstigen „Sächsischen Hofes" an der Taborstraße (Ecke Novaragasse) existiert heute noch, lediglich das Dach des Eckturmes ist nicht mehr in seiner ursprünglichen Form erhalten. ▶

Hotel „Sächsischer Hof"
Wien
R-45-103   R-49-409
Taborstraße Nr. 46a
Modernster Komfort
Sämtliche Zimmer mit fließ. Kalt-, Warmwasser,
Zentralheizung, Staatstelephon, Lichtsignale
Bäder — Lift — Garagen
Café-Restaurant.

Erster Weltkrieg:
Not macht „erfinderisch"

Das Raubattentat vom Prater fingiert

Die Filialleiterin der Putzereifirma Coundé im Prater Ausstellungsstrasse 33, Josefine Wiche, die, wie gemeldet, bewußtlos und angeblich chloroformiert aufgefunden wurde, behauptete, sie sei von einem Manne, der einen Anzug putzen lassen wollte, überfallen und betäubt worden. Aus der Ladenkasse fehlten 1232 K. Sie hat nunmehr gestanden, daß sie den Ueberfall fingiert und das Geld selbst genommen hat. Die Strafamtshandlung ist eingeleitet. – Frau Wiche hat sich gestern von dem im Hause Ausstellungstraße 33 etablierten Spediteur Löbl 800 K. für einige Stunden ausgeborgt. Als Grund hatte sie angegeben, daß eine Kontrolle der Kasse stattfinden werde; zufällig habe sie einem Bekannten für kurze Zeit aus der Ladenkasse 300 K. geliehen und es sei ihr peinlich, dies zugestehen zu müssen. Sie war verständigt worden, sie solle die Inventurbücher bereit halten. Der Spediteur borgte ihr die 800 K. Die Revision fand um 4 Uhr statt und ergab keinen Anstand. Dann stellte die Wiche das Geld zurück. Heute hätte sie die ganze Summe von 1232 K. abliefern sollen und erfand, da 800 K. fehlten, das Raubattentat. Ihr Mann ist Eisengießer auf der Ostbahn. Um ihr Einkommen zu erhöhen, nahm sie die Stellung an. Sie ist in verschiedenen Filialen der Firma Coundé tätig gewesen und kam im Herbst vorigen Jahres als Filialleiterin in die Ausstellungsstraße. Sie hatte 100, dann 110 und seit kurzem 130 Kronen Monatsgehalt. Mit dem Lohne des Gatten und ihren eigenen Einkommen war es ihr unmöglich zu wirtschaften. Immer fehlten ihr einige Kronen und die wurden nach und nach aus der Ladenkasse genommen; manchmal waren es 10, manchmal 20 K., und immer hoffte sie, den Fehlbetrag ersetzen zu können. Aber die zunehmende Teuerung erlaubte es nicht und veranlaßte sie vielmehr zu weiteren Unterschlagungen.
NEUE FREIE PRESSE, 19. APRIL 1918

Die einstige Feuerwerksallee führte zur Feuerwerkswiese, wo Johann Georg Stuwer ab 1774 seine legendären Feuerwerke abbrannte. 1873 wurde sie in Ausstellungsstraße umbenannt. Das sogenannte Stuwerviertel wird von Ausstellungsstraße, Lasallestraße und Handelskai begrenzt. ▶

Wien II/2.
Ausstellungsstrasse im k. k. Prater.

Volkertmarkt: „... Petersil gibts net unter drei Heller."

Zehn Kronen Strafe statt eines Hellers Einnahme

Die Grünzeughändlerin Marie Toman vom Volkertmarkt war heute beim Bezirksgerichte Leopoldstadt wegen verweigerten Verkaufes von Grünzeug angeklagt. Die Angeklagte erklärte sich nichtschuldig. „I bin sehr unschuldig, Herr kaiserlicher Rat", sagte sie. „Man muß sich im Winter abfrieren am Markt und dann zitier'n einem die Leut' noch unschuldig zu Gericht." — Richter: „Nach der Anzeige einer Frau haben Sie ihr den Verkauf von Grünzeug verweigert, weil sie keine Kundschaft von ihnen war." Angeklagte: „Die Frau hat Schwammerl wollen, Schwammerl hab' i kane g'habt. Dann hat's um einen Heller Petersilie verlangt. I hab g'sagt, Petersil gibts net unter drei Heller. Wies jetzt um an Heller Grüns verlangt hat, hab i ihr g'sagt: „Um an Heller Grüns verkauf i net. Jetzt is alles so teuer, da kann i um an oder zwa Heller ka Grüns geben." Die Frau hat darauf g'sagt: „I hol an Wachmann." – Mein Gott, so steht man sichs aus, in derer schweren Zeit." Frau Anna Wodanek, welche die Anzeige erstattet hatte, gab als Zeugin an, daß die Händlerin ihr den Verkauf von Grünzeug für ein paar Heller überhaupt verweigert habe. Sie habe den Korb aufgemacht und dabei geschrien: „Orangen kaufen's wo anders und das Grünzeug wollens bei mir kaufen. Ich hab ka Grünzeug für solche Leut'." „Da die Frau Grünzeug vorrätig hatte, ging ich zu einem Wachmanne und erstattete die Anzeige von dieser Verweigerung, zumal man jetzt für sein Geld nicht einmal mehr das Bissel Grünzeug bekommt. Dazu hat die Frau mit mir herumgeschrien und mich eine „zug'reiste Jüdin und Funzen" geheißen. Die Angeklagte behauptete trotz dieser Aussage der Zeugin, sie habe nicht den Verkauf des Grünzeug verweigert, sondern nur gesagt, sie könne jetzt nicht für ein oder zwei Heller Grünzeug geben. Zeugin: Davon war nicht die Rede. Sie haben mir den Verkauf des Grünzeugs verweigert, weil ich nichts anderes bei Ihnen gekauft habe, vom Preis war nicht die Rede. Der Richter verurteilte die Grünzeughändlerin wegen Verweigerung eines notwendigen Bedarfsartikels, wie es Grünzeug ist, zu zehn Kronen Geldstrafe, eventuell zu 24 Stunden Arrests.

REICHSPOST, 11. MÄRZ 1915

Marktstandlerinnen, die in der fiktiven „Frau Sopherl vom Naschmarkt" personalisiert wurden, Fiaker, Lavendelfrauen und Wäschermädel waren die mit Klischees behafteten Figuren, die in zahlreichen Genrebildern des 19. Jahrhunderts abgebildet wurden.

„Gänzliche Umarbeitung des ursprünglichen Projektes"

Nordwestbahnhof

Die „Corr. Gall" meldet: Heute Mittags fand im k. k. Handelsministerium unter dem Vorsitze des k. k. Sectionschefs v. Pretis eine neuerliche Commission statt, welche in Betreff der Anlage des Nordwestbahnhofes einen Beschluß faßte. Es wurde nämlich das Uebereinkommen zu einer gänzlichen Umarbeitung des ursprünglichen Projektes für den Nordwestbahnhof getroffen. Dieser Bahnhof wird jetzt ein Stück weit gegen die Taborstraße vorgerückt, welche an dieser Stelle in der unmittelbaren Nähe des Augartens eine Biegung erhält, wodurch die Nothwendigkeit eines ersten Durchlasses entfällt, dagegen wird am Ende des Frachtenbahnhofes, welcher ungetheilt bleiben muß, ein Durchlaß, von nur 12 Schuh Höhe und in der Entfernung einer kurzen Strecke davon in der Achse der künftig herzustellenden combinirten Doppelbrücke der Nordbahn ein 14 Schuh hoher Durchlaß angelegt. Der erste Durchlaß von 12 Schuh Höhe wird 8 Klaftern breit, der zweite von 14 Schuh Höhe wird 12 Klaftern breit. Wird einmal die Fahrbrücke im Zusammenhang mit der Nordbahn ausgeführt, so ergeben sich vom Brückenkopf aus zwei Hauptverkehrsadern, von welchen die eine in schräger Richtung zur Hauptfront des Nordwestbahnhofes und durch die Taborstraße gegen die Stadt zu läuft, während die andere durch den 14 Schuh hohen Durchlaß ihre Richtung zur Stroheckbrücke nimmt. Zwischen beiden Hauptadern vermittelt dann der nur 12 Schuh hohe Durchlaß den kleineren Verkehr.

Die Vertreter der Donau-Regulirungscommission und der Gemeinde haben sich vorbehalten, die Ratifikation dieses Vorschlages von Seite der betreffenden Körperschaften einzuholen.

Wiener Zeitung, 23. Juni 1869

Der einstige Nordwestbahnhof lag ursprünglich in der Leopoldstadt. Seit der Abtrennung der Brigittenau als eigener Bezirk im Jahr 1900 liegt nur mehr der Vorplatz an der Taborstraße mit der Trunnerstraße im 2. Bezirk.

Zusammenstoß zweier Straßenbahnzüge

An der Ecke der Taborstraße und Trunnerstraße stießen heute mittag zwei Straßenbahnzüge, der der Linie „O", der andere der Linie „5", zusammen. Dabei gingen mehrere Scheiben in Trümmer. Es meldete sich auch eine Anzahl Personen, die zu Schaden gekommen sind, und zwar: der Maschinist Wilhelm Kadea, der über Schmerzen im rechten Oberarm klagte, der Glockengießer Gustav Geib aus Stockerau, der eine Blutbeule und durch Glassplitter mehrere Schnittwunden am rechten Handrücken erlitt und auch Schmerzen in den Rippen fühlte, die Private Anna Haller, die über Schmerzen in der linken Hüfte klagte, und die Private Leopoldine Knirz mit Schmerzen im Rücken. Allen vier Personen wurden in der Sicherheitswache in der Scherzergasse von der Rettungsgesellschaft erste Hilfe geleistet, worauf sie sich allein entfernen konnten.

WIENER ZEITUNG, 13. JULI 1915

Nordbahnhof: „Der König war auf die Plattform getreten …"

König Ferdinand der Bulgaren in Wien.
Die Ankunft auf dem Nordbahnhof

Wien, 14. Februar
König Ferdinand der Bulgaren ist heute früh um 9 Uhr in Wien angekommen. Der König traf nach einer Nachtfahrt direkt aus dem österreichisch-ungarischen Hauptquartier hier ein und wurde auf dem Nordbahnhofe im Namen des Kaisers durch Erzherzog-Thronfolger Karl Franz Josef begrüßt.

Seltsame, bewegte Gefühle mögen es gewesen sein, die den König der Bulgaren ergriffen haben, als er an der Seite des jugendlichen Erzherzogs durch die Straßen Wiens fuhr, in denen von Giebel zu Giebel, von Portal zu Portal von allen Masten der elektrischen Straßenbeleuchtung die weiß-grün-roten Fahnen neben den schwarz-gelben, den deutschen und türkischen flatterten. […]

Die Begrüßung des Königs auf dem Bahnhofe

Schon vor 8 Uhr war im Bahnhof eine Ehrenkompagnie in Kriegsstärke mit Musik des Infanterieregiments Nr. 99 in Marschadjustierung mit Feldzeichen und Tannenreisig einmarschiert. Bald nach ½9 Uhr kamen aus der Stadt die Würdenträger. Am Flügel der Ehrenkompagnie nahmen der Kommandant des 1. Bataillons des Regiments und der Inspizierende des Bataillons Aufstellung. […]

Auf dem Bahnsteig stand die Ehrenkompagnie in ihren feldgrauen Mänteln. Bald nach ¾9 Uhr ertönten von der Straße her Hochrufe und die Musik stimmte die Volkshymne an. Thronfolger Erzherzog Karl Franz Josef war in Vertretung des Kaisers in der Galauniform eines ungarischen Generalmajors ohne Mantel, begleitet vom Kammervorsteher Generalmajor Prinzen Zdenko zu Lobkowitz beim Bahnhof vorgefahren. Er wurde vom Hofoberkommissär Gustav Martinez durch den Kaisersalon auf den Bahnsteig geleitet und besichtigte unter den Klängen der Volkshymne die Ehrenkompagnie, nachdem er den Rapport ihres Kommandanten entgegengenommen hatte. Er unterhielt sich angeregt mit den Herren der bulgarischen Gesandtschaft und den Würdenträgern. […]

Alsbald kam das Signal, daß der Hofzug nahe. Es ertönten, von der Musik angestimmt, die Klänge der „Schumi Maritza". Da fuhr auch schon der bulgarische Hofsonderzug, den

Der im maurischen Stil errichtete Nordbahnhof wurde am 15. Oktober 1865 eröffnet. Er geht auf Theodor Hoffmann zurück und verfügte über einen eigenen Hofwartesalon für den Kaiser. Bis 1918 war der Bahnhof mit Verbindungen nach Brünn, Kattowitz, Krakau und Lemberg einer der bedeutendsten in Europa.

der Direktorstellvertreter der Nordbahn Hofrat Boynger und Oberstaatsbahnrat Zahradnik leiteten, langsam in die Halle ein. Der Zug hielt genau so, daß der Salonwagen des Königs an der Stelle blieb, an der der Thronfolger Erzherzog Karl Franz Josef stand. Der König war auf die Plattform getreten und begrüßte schon von oben durch militärischen Salut den Erzherzog-Thronfolger. Als der Zug hielt, begab sich Erzherzog Karl Franz Josef über die Stufen in den Salonwagen des Königs. König Ferdinand trug die Uniform eines k. u. k. Feldmarschalls mit Kappe und Mantel. Am Halse sah man das Kreuz des Ordens Pour le mérite. Unter dem Mantel hatte der König das Goldene Vlies und das Band des St. Stephans-Ordens. Die Begrüßung des Königs spielte sich im Salonwagen ab. Vier Minuten blieben König und Thronfolger im Salonwagen im Gespräche. Dann trat der König wieder auf die Plattform und stieg die Treppe hinab. Ihm folgte der Thronfolger. [...]

Neue Freie Presse, 14. Februar 1916

Tegetthoff-Denkmal: Enthüllung „ohne Rücksicht auf das Wetter"

Enthüllung des Tegetthoff-Monumentes

Die morgige feierliche Enthüllung des Tegetthoff-Monumentes wird unter allen Verhältnissen, ohne Rücksicht auf das Wetter stattfinden. Im Falle zweifelhaften Wetters wird auf Befehl Sr. Majestät des Kaisers um 5 Uhr Morgens beim Platzcommando die Adjustirungs-Aenderung bekannt gegeben. Es wurde die Order ertheilt, daß eine diesbezügliche Auskunft beim Portier des Marinesection (Doblhoffgasse Nr. 7) und in sämmtlichen k.k. Casernen Wiens in Erfahrung zu bringen sei. Von Seite des österreichisch-ungarischen Lloyd wurde eine Kranzspende angekündigt, welche die Aufschrift trägt: „In dankbarer Erinnerung und Bewunderung – der Verwaltungsrath des österreichisch-ungarischen Lloyd." Der Lloyd sendet zur Enthüllungsfeier eine eigene Deputation, bestehend aus sechs Kapitänen und einem Director aus Triest. Der Bürgermeister Dr. Portugall und Gemeinderath Sigmundt sind aus Graz hier eingetroffen, um als Vertreter des dortigen Gemeinderathes der Enthüllung des Tegetthoff-Denkmales beizuwohnen und an demselben einen Kranz niederzulegen. Ebenso spendet der Gemeinderath von Pola einen Kranz für die Schmückung des Monumentes. Der Lorbeerkranz, welchen die Kriegsmarine gespendet hat, wird von zwei Offizieren und zwei Unteroffizieren auf den Sockel des Denkmales niedergelegt werden. – Im Ganzen sind bisher 120 Seeoffiziere hier eingetroffen. Von Admiralen nennen wir die Vice-Admirale Freiherr von Milloficz und Ritter von Barry, die Contre-Admirale Freiherr von Pitner (Hafen-Admiral von Pola), Freiherr von Wiplinger (Seebezirkscommandat von Triest), von Buchta (Escadre-Commandant), Freiherr von Spaun und Ritter von Henriquez. Die Familie Pokorny, bekanntlich die nächsten noch lebenden Verwandten Tegetthoffs, ist aus Graz angekommen. Dieselben haben ihre Sitze auf der zweiten Tribüne in der dritten Reihe Nr. 1, 2 und 3. – Morgen Abends um 8 Uhr findet im „Grand-Hôtel" unter Vorsitz des Vice-Admirals von Eberan ein Bankett statt, das alle hier anwesenden Marine-Offiziere vereinigen wird.

Wiener Zeitung, 24. September 1886

Die Planung für das Denkmal hatte noch in Tegetthoffs Todesjahr (1871) begonnen. Den Wettbewerb (1872) gewann der Schweizer Ferdinand Schlöth; realisiert wurde indes der Entwurf von Carl Kundmann. Als ursprünglicher Standort war der Platz vor der Votivkirche vorgesehen.

Carl-Theater: „schöne Conception"

Die Eröffnung des Carl-Theaters

Das große Ereigniß dieser Woche ist endlich an dem vorletzten Abende derselben, Freitag den 10. von dem glänzendsten Erfolge begleitet, in Erfüllung gegangen. Alle Räume des großen Hauses waren gefüllt, und man erblickte in den Logen und auf dem Balkone die auserlesenste Gesellschaft der Kaiserstadt. [...]

Ueber das Haus selbst, seine Eleganz, seinen Comfort, seine ganze, ebenso zweckmäßige als ungewöhnliche Einrichtung herrschte wohl nur Eine Stimme. Auch hier gab sich der, mit allen nothwendigen Einrichtungen eines guten Schauspielhauses wohl vertraute Geschäftsmann kund, dem in der Ausübung zwei Talente zur Seite standen, die sich hier glänzend bewährten. Die Herren Professoren von Sikardsburg und van der Nüll waren es, welche die Entwürfe zu dem neuen Theater verfertigten, und unter ihrer unausgesetzten persönlichen Leitung ihre schöne Conception in das Leben treten ließen. Sie hatten dabei besonders die gegebene Räumlichkeit und die Mittel eines Privatmannes in das Auge zu fassen, zugleich aber auch den allgemeinen Bauvorschriften zu genügen. Das Erstere wie das Letztere nöthigte zu bedeutenden Zugeständnissen, die Mittel erlaubten bei aller Großartigkeit doch nicht, die Malerei von Künstlern ersten Ranges als feinere, Ausbildung der Ornamentik in Anwendung zu dringen. Die Ornamentik, wie sie jetzt ist, erscheint dessen ungeachtet äußerst geschmackvoll und edel, dabei ihrem Zwecke entsprechend, die Konstruktions-Linien des tragenden Gerippes der Gallerien und der Decke durch Formenbildung dem Auge noch verständlicher erscheinen zu lassen. Der Styl des ganzen Baues ist der sogenannten deutschen Renaissance nahe verwandt, und ihm schließt sich der Styl der Ornamentik an, trotz seiner eigenthümlichen und selbstständigen Haltung. Die vorherrschenden Farben sind weiß und roth mit Gold, hier und dort ist Blau wirksam angebracht.

Vor der Eröffnung liefen die lächerlichsten Besorgnisse über die Solidität des Baues um, der in der unglaublichen Zeit, von sieben Monaten beendigt wurde. Aber dieses Siebenmonatskind zeigte sich den Besuchern so erstaunenswerth stark und kräftig in allen seinen Theilen, daß es wohl überflüssig ist, zu bemerken, daß hier eine Vorsorge, dem Hause Festigkeit zu geben, gewaltet hat, wie wohl noch bei keinem andern Baue dieser Art. [...]

Der Humorist, 13. Dezember 1847

Professor Reinhardt veranstaltet morgen (Dienstag) eine einmalige Aufführung von Strindbergs „Scheiterhaufen" in Form einer Matinee. Das Werk, das gelegentlich einer geschlossenen Vorstellung vor kurzem im Deutschen Theater zu Berlin aufgeführt worden ist, gelangt in der Original-Besetzung zur Darstellung. Es wirken mit: Rosa Bertens, Else Bassermann, Alexander Moissi und Alfred Abel. Die Aufführung findet im Carl-Theater statt. Beginn 3 Uhr nachmittags. Billette an den Kassen des Carl-Theaters zu gewöhnlichen Abendpreisen und in allen Theaterkarten-Bureaus erhältlich.

Welt Blatt, 21. April 1914

Im Carl-Theater war von 1854 bis 1860 Johann Nestroy sowohl als Schauspieler, wie auch als Direktor tätig. Zahlreiche Stücke, darunter die Operette Wiener Blut von Johann Strauß hatten hier ihre Uraufführung (25. Oktober 1899).

Vorauseilender Gehorsam an „zwei leichtfertigen Dämchen"

Ungerechtfertigte Arretierung zweier junger Mädchen

Der Oberwachmann August Herden wurde der Ueberschreitung seines Dienstes nach § 331 St.-G. angeklagt, weil er ungerechtfertigterweise zwei Mädchen in der Praterstraße arretiert hatte. Dem Wachmanne war das Benehmen zweier junger Mädchen, Marie L. und Marie P., aufgefallen, die gegen 11 Uhr nachts aus einem Nachtkaffeehause in der Praterstraße laut lachend gegen die Haltestelle der Straßenbahn gingen und dort sich hinstellten. Der Wachmann glaubte in den Mädchen zwei leichtfertige Dämchen zu erblicken, auf deren Treiben in der Praterstraße gerade in letzter Zeit die Wache besonderes Augenmerk hatte. Wie der Wachmann angab, wurde er zu seinem Einschreiten durch einen Oberleutnant veranlaßt, der behauptete, daß eines der Mädchen seine Erkrankung verschuldet habe. Es stellte sich dann heraus, daß ein Mißgriff vorlag, da kein Grund vorlag, die beiden Mädchen wegen unsittlichen Verhaltens zu arretieren.

Die gegen den Wachmann erhobene Ehrenbeleidigungsklage wurde zurückgezogen, da der Wachinspektor sein Bedauern über seinen Mißgriff ausgesprochen hatte. Wegen Ueberschreitung seiner Dienstpflicht wurde er vom Bezirksgericht Leopoldstadt nur im Falle des Mädchens P. schuldig erkannt und unter Anwendung des außerordentlichen Strafmilderungs- und Strafumwandlungsrechtes zu zwanzig Kronen Geldstrafe verurteilt, im Falle des anderen Mädchens von der Anklage freigesprochen. Wenn der Wachmann – sagte der Richter – vielleicht durch Berufung auf den unbekannten Offizier sich in dem Falle des einen Mädchens berechtigt glauben konnte, dessen Festnehmung auszusprechen, wiewohl er auch hier erst sich des Zeugen hätte versichern sollen, so lag gewiß zur Amtshandlung gegen das zweite Mädchen ein Grund nicht vor und ihre Beanständung war ein Uebergriff, der nach § 331 strafbar erscheint.

Fremden-Blatt, 12. Januar 1918

Praterstrasse.

Die Umschreibung „leichtfertige Dämchen" für die beiden Frauen sollte zum Ausdruck bringen, dass die beiden Mädchen das älteste Gewerbe ausübten, eine Profession die untrennbar mit dem Prater verbunden ist und sich sogar in einer eigenen, wenig wertschätzenden Bezeichnung findet.

Tempel: „von einem furchtbaren Brand eingeäschert"

Der Wiener Leopoldstädter Tempel niedergebrannt

Aus Wien wird uns telegraphiert: Das große israelitische Gotteshaus in der Leopoldstadt, Tempelgasse, ist heute mittag von einem furchtbaren Brand eingeäschert worden, dem die Hälfte des Tempels zum Opfer fallen dürfte. Heute vormittag hatte anläßlich des Geburtstages des Königs im Tempel ein Festgottesdienst stattgefunden, dem eine zahlreiche Gemeinde Andächtiger beiwohnte. Viele verwundete Soldaten und auch Schulkinder waren anwesend. Den Gottesdienst zelebrierte Oberkantor Morgenstern. Um dreiviertel 10 Uhr vormittags war der Gottesdienst beendet und nachdem die Teilnehmer das Gotteshaus verlassen hatten, wurde der Tempel geschlossen, ohne daß irgend etwas Verdächtiges wahrgenommen werden konnte. Gegen dreiviertel 11 Uhr sahen Passanten, die durch die Tempelgasse gingen, einen roten Feuerschein und gleich darauf drang dichter Rauch durch die Fenster auf die Straße hinaus. Binnen kurzer Zeit erschienen zahlreiche Löschtrains und Tausende von Menschen sammelten sich an. Die Feuerwehr drang in das brennende Gotteshaus ein. Hier stand bereits die links befindliche Galerie im ersten Stockwerk, die während des Gottesdienstes für die Frauen reserviert ist, in hellen Flammen. Die Flammen hatten schon die hölzernen Bänke und Betpults ergriffen. Mit unheimlicher Schnelligkeit verbreitete sich das Feuer gegen die Bundeslade zu und ergriff auch diesen von einem golddurchwirkten Vorhang abgeschlossenen Teil des Tempels und die Sitzplätze für den Rabbiner und den Kantor. Krachend fielen, von den Flammen ergriffen, viele Seitenlüster der elektrischen Beleuchtung herab und gleich darauf stürzte ein Teil des Galeriebodens des ersten Stockwerkes ein. Zur Stunde – 1 Uhr mittags – dauert der Brand im Innern des Gotteshauses noch an. Der ganze prächtige Innenraum wird für verloren gehalten. Von den Nebengebäuden wurden gerettet das Bethamidrasch, die Amtswohnungen, die Schatzkammer und das Rabbinerseminar. Auch die Nachbarhäuser wurden vor dem Übergreifen des Brandes geschützt.

Pester Lloyd, 17. August 1917

„Hier befand sich der Leopoldstädter Tempel, der im Jahre 1858 nach Plänen von Architekt Leopold Förster im maurischen Stil errichtet und am 10. November 1938 in der sogenannten ‚Reichskristallnacht' von den nationalsozialistischen Barbaren bis auf die Grundmauern zerstört wurde." (Gedenktafel)

Das erste Dianabad: „krystallhelles Wasser"

Cicerone von Wien und seinen Umgebungen

„Geht in's kalte Wasser!" sprachen die Ärzte und wir gehen. Aber wo gehen wir hin? In die Donau? Hu! das ist uns verweichlichten Residenznaturen zu kalt, und wem's nicht zu kalt ist, dem ist's zu weit. Also wohin? Wohin anders als in's Dianabad, in die großartige Badeanstalt und Schwimmschule mit dem spiegelklaren Wasser und der immer gleichen Temperatur! Wir gehen in's Dianabad. Wer da weiß, daß sich innerhalb des Bassins eine Wassermenge von 15.000 Eimern bewegt, daß durch einen Wasserhebekanal immer frisches Wasser in die Filtrir-Apparate geführt, und das Bassin damit versorgt wird, der muß unsere Vorliebe für das „Dianabad" begreifen können. Wenn wir aufrichtig sprechen sollen, so müssen wir gestehen, daß uns die Donaubäder vorzüglich das lehmige, augenscheinlich schmutzige Wasser verleidet; im „Dianabade" aber fesselt uns das krystallhelle Wasser, in welchem man jede Bewegung des Schwimmenden genau sieht, und wo jede Unreinlichkeit zu sehen wäre. Nehmen wir noch hiezu die wahrhaft imposante Größe und Pracht des Lokales, die trefflich eingerichteten mit aller Bequemlichkeit versehenen Kabinets, die aufmerksame Bedienung der Badewärter ec., so ergeben sich für das „Dianabad" Resultate, die sich in dem ohnehin frequenten Besuche deutlich genug aussprechen. Eine sehr vortheilhafte Beigabe zum „Dianabade" ist die Douche. Sie überläuft einem so kalt, wie der Gesang manchen Sängers, hat aber eine angenehmere Nachwirkung als dieser. Wir empfehlen das „Dianabad" allen Badefreunden auf das Angelegentlichste.

DER WANDERER, 21. JUNI 1845

Das erste Dianabad wurde am 1. Juli 1810 eröffnet als der Donaukanal noch nicht befestigt war. Die Attraktion im biedermeierlichen Wien waren Wannenbäder mit erwärmtem Wasser aus dem Donaukanal.

Nach dem Umbau verfügte es ab 20. Mai 1843 als erstes Bad Europas über eine überdachte „Winter-Schwimm-Halle" mit einem 36 Meter langen und 13 Meter breiten Becken.

Das zweite Dianabad: „der großartigste Bade-, Hotel- und Restaurant-Palast"

Die Techniker Wiens beim Neubau Dianabad

In Vindobonas Diadem wird eben ein neuer Schmuck eingefügt. Das Stadtbild Wiens, das seine weltberühmte Schönheit den größten Baukünstlern der Neuzeit und der Gegenwart verdankt, das durch seine Meisterwerke der Baukunst selbst transatlantischen Milliardären imponiert, erhält ein neues, also hochmodernes und doch zugleich den strengsten künstlerischen Geschmackslinien sich fügendes Prachtbauwerk im Komplex des „Wiener Dianabad-Palastes." Es wird der großartigste Bade-, Hotel- und Restaurant-Palast der Erde. Frühlingsweben und Friedenskeimen zittern durch die milde Luft der jetzigen Tage. Pax mundi in eterno! Und wenn die Posaunen und Siegesfanfaren mit Gottes Hilfe ertönen werden, dann werden sich hoch oben im Dianabad-Dachgarten-Restaurant die österreichischen, ungarischen, deutschen, türkischen und bulgarischen Fahnen entrollen. Vom First des Dianabad-Palastes wird die erste blütenweiße Fahne den Wienern das Ende des Weltkrieges verkünden. Möge es bald sein!

Sonntag den 23. d. M. besuchten Mitglieder des Österreichischen Ingenieur- und Architekten-Vereines, der Zentralvereinigung österr. Architekten, des Klubs der Wiener Stadtbauamts-Ingenieure, des Hansen Klubs und des Vereins technischer Beamten des k. k. Patentamtes den Neubau Dianabad. Der Direktor der Dianabad A. U. Ing. O. Böhm begrüßte namens des Verwaltungsrates die erschienenen Gäste und stellte fest, daß die Einladung zur Besichtigung des Neubaues im gegenwärtigen noch unfertigen Zustand erfolgt sei, um der Fachwelt zu zeigen, daß der Krieg wohl die Ausführung des großen Werkes verzögert habe, daß aber trotz aller nicht geringen Schwierigkeiten nicht Unbedeutendes geleistet worden sei. Er stellte die Eröffnung der neuen Anstalt für Mitte des Jahres nach einer mehr als einjährigen Verspätung in Aussicht. Herr Architekt Brang, der Schöpfer des Baues, gab Erläuterungen, die der Direktor in technischer Hinsicht ergänzte. Es schloß sich ein gruppenweiser Gang der nach Hunderten zählenden Besucher durch die ganze riesige Anlage an. Die Teilnehmer der Exkursion waren von der Fülle des Gesehenen überrascht und gaben ihrer Befriedigung wiederholt lebhaften Ausdruck. Es war kaum möglich, das ganze Programm innerhalb zweier Stunden nur einigermaßen zu bewältigen. Es wurde allgemein betont, daß die Öffentlichkeit den außerordentlich großen Umfang der neuen Anstalt, die Vollendung der maschinellen Einrichtungen, die moderne Ausstattung in hygienischer Hinsicht und die Anwendung der allerneuester Errungenschaften auf technischem Gebiete auch nicht im entferntesten ahne.

Unter den Anwesenden wurden unter anderen bemerkt: Exzellenz FML. von Czeipek, die Sektionschefs Dipl. Ing. Lauda und Dr. R. von Berger, Stadtbaudirektor Ingenieur Goldemund, Oberbaurat Ing. Trnka, Direktoren Ing. Mayer und Ing. Menzl, Ministerialrat Arch. Folz, die Hofräte Gattnar, Posch, Skenar und Wagner, Oberst Schindler, die Oberbauräte Arch. Helmer,

Das zweite Dianabad hatte neben zwei Schwimmhallen – für Männer und Frauen – ein Hotel, das an der Oberen Donaustraße lag. Weiters waren eine Kuranstalt, Geschäfte, ein Frisiersalon und ein Restaurant angeschlossen. Eröffnet wurde es nach fünfjähriger Bauzeit am 15. August 1917.

Arch. Doderer, Ing. Grohmann, Dr. von Emperger, Dr. Kapaun, Ing. Maresch, die Bauräte Ing. Schwert, Ing. Fibiger, Dipl. Ing. Mayer, Dr. Paul, Ing. Weymola, die Staatsbahnräte Ing. Herzka, Ing. Merlin, Regierungsrat Dr. Horovitz, der Präsident der Dianabad Aktien-Unternehmung, die Regierungsräte Ing. Ebner, Ingenieur Höller, Ing. Horvatitsch, Inspektor Ing. Scheibl, die Professoren Holey, Leixner, V. Pollak, die Architekten Drexler, von Giacomelli, Schön, Verwaltungsrat Dr. Reinitz. Von allen Seiten wurde der Wunsch laut, die Besichtigung noch vor Fertigstellung des als Sehenswürdigkeit in jeder Beziehung zu wertenden Baues zu wiederholen, sowie der Öffentlichkeit von der gesamten Schöpfung, die sich architektonisch, technisch und hygienisch als gleich hervorragend erweist, durch ausführlichste Berichterstattung ein Bild zu geben.

Sport und Salon, 29. Januar 1916, Seite 13

Stefaniebrücke: „Rettung der Unglücklichen"

Szenen bei einer Lebensrettung

Großes Aufsehen erregte gestern abend auf dem Franz-Josefkai der Selbstmordversuch eines jungen Mädchens, und die Szenen, die sich bei der Rettung der Unglücklichen abspielten. Von der Kaimauer zwischen der Stefanie- und Marienbrücke an der Stadtseite war abends die Dienstmagd Anna N., in der Schreigasse wohnhaft, in den Donaukanal gesprungen. Der Sicherheitswachmann Johann Hold sah das Mädchen; da aber in der Nähe keine Zille

verheftet war und Hold die nächste Zille erst, bei der Stefaniebrücke – wahrscheinlich zu spät – erreicht hätte, schnallte der Wachmann den Säbel ab, legte sich platt auf die Kaimauer und hielt der im Wasser Treibenden den Säbelriemen entgegen. Anna N. konnte den Riemen fassen und mit Hilfe einiger Leute, die am Ufer standen, vermochte der Polizist das Mädchen die Mauer emporzuziehen. Er und Wachmann Vogelmaier trugen sie in die Wachstube Vorkai. Indessen hatten aber zwei Burschen die unterhalb der Stefaniebrücke verheftete Ziele losgemacht und waren dem Wachmann zu Hilfe gerudert. Da sie des Fahrens unkundig waren, stürzte der Eine, der 18jährige Monteur Fritz Reiter, Badgasse 10 wohnhaft, aus dem Boote ins Wasser. Der Andere rettete den dem Ertrinken nahen, indem er ihn in die Zille zog. Am Ufer hatten sich viele Hunderte angesammelt und die einzelnen Phasen der Rettung verfolgt. Das Mädchen wurde von der Rettungsgesellschaft ins Rudolfsspital gebracht. Es hat die Tat wegen eines Zwistes mit ihrer Herrschaft begangen.

Reichspost, 20. Juni 1914

Die Stephaniebrücke, benannt nach der Frau von Kronprinz Rudolf Kronprinzessin Stephanie, wurde 1884 bis 1886 von Otto Hieser errichtet. 1919 erfolgte die Umbenennung in Salztorbrücke, 1945 wurde sie gesprengt und erst 1960 und 1961 – als letzte der im Krieg zerstörten Donaukanalbrücken – wieder aufgebaut.

Stephaniebrücke:
„Aufhalten! Aufhalten!"

Totschlag bei der Stephaniebrücke

Heute nachts ist bei der Stephaniebrücke ein Kohlenarbeiter von einem zweiten Kohlenarbeiter durch einen Messerstich in den Hals getötet worden. Der Tat ist ein Wortwechsel vorausgegangen, der viele Zeugen hatte. Der Totschläger war vorher von seinem späteren Opfer durch einen Messerstich verletzt worden und behauptet, im Zustande der Notwehr gehandelt zu haben. Wir erfahren über den Fall folgende Einzelheiten: Bei der Stephaniebrücke gingen gestern gegen 11 Uhr nachts der am 11. Juni 1896 geborene Kohlenarbeiter Franz Stöhr, 2. Bez., Vorgartenstraße 211 wohnhaft, und der Kohlenarbeiter Alois Kollmann, Untere Weißgerberstraße 18 wohnhaft, mit zwei Mädchen. Die Mädchen liefen den Beiden davon, und als Stöhr sie verfolgte, trat ihm ein ihm unbekannter Mann entgegen und fragte, was er von dem Mädchen wolle. Es entstand ein Wortwechsel. Der Fremde hielt immer die Hand in der Tasche und versetzte dem Stöhr plötzlich einen Stich, in den Rücken, der wohl leicht war, aber eine starke Blutung zur Folge hatte. Nun zog seinerseits Stöhr sein Messer und stach blindlings auf seinen Gegner los. Er traf ihn am Halse. Der Mann stürzte zusammen. Aus der Wunde quoll ein Blutstrom. Die Rettungsgesellschaft wurde berufen und verband den Mann. Er sollte ins Allgemeine Krankenhaus gebracht werden, ist aber unterwegs gestorben. Er ist der in den städtischen Gaswerken bedienstete Kohlenarbeiter Leopold Kraft. Der Totschläger war gleich nach der Tat über die Stephaniebrücke davongerannt. Hinter ihm her liefen viele Leute mit dem Rufe: „Aufhalten! Aufhalten!" Ein Oberleutnant trat ihm entgegen doch stieß ihn Stöhr zur Seite. Der Mann wollte über die Marienbrücke wieder die Stadt erreichen, wurde aber bei der Brücke von einem Zugsführer festgenommen und zum Polizeikommissariat Innere Stadt gebracht. Er wurde dort einvernommen, gab seine Tat zu und wird nach Abschluß der Erhebungen dem Landesgerichte eingeliefert werden.

Deutsches Volksblatt, 11. März 1918

Vor der alten Stephaniebrücke, der heutigen Salztorbrücke, befand sich bis 1870 an deren Stelle der zwischen 1827 und 1828 errichtete Karlskettensteg, benannt nach Erzherzog Karl, dem Sieger der Schlacht bei Aspern.

Aspernbrücke:
„direkt im Zuge der Ringstraße"

Die neue Aspernbrücke

Der Umbau der Aspernbrücke schreitet trotz der Kriegszeit rasch vorwärts. Im Gegensatze zur alten Brücke liegt sie direkt im Zuge der Ringstraße, diese bis zur Asperngasse quasi verlängernd. Die Breite der Brücke beträgt 27.9 Meter, und zwar vom Geländer zum Geländer. Die nutzbare Fahrbahn ist 15.5 Meter, jeder der beiden Gehsteige 4.5 Meter breit.

Die Wahl des Systems war abhängig vom Untergrunde. Eine Bogenbrücke wie die Ferdinandsbrücke konnte nicht gemacht werden, weil der Untergrund mehr sandig ist und Setzungen nicht zu vermeiden sein werden. Ein tragfähiger Grund, Tegel oder mächtiger Schotter war in mäßiger Tiefe nicht aufzufinden. Der Tegel liegt zum Beispiel 28 bis 30 Meter unter der Wasserfläche, während er bei der Ferdinandsbrücke nur 19 Meter tief lag. Auf solche Tiefen hinunter zu gehen, wäre zu kostspielig gewesen. Es mußte daher ein System gewählt werden, welches eine geringfügige Setzung der Widerlagspfeiler und Landpfeiler statisch zuläßt. Dieses System besteht darin, daß über die Seitenöffnungen Träger (Brückenträger) gelegt wurden mit Tragarmen, und daß das Mittelfeld oder die Mittelöffnung im Ausmaße von etwa 40 Metern durch einen über die Fahrbahn emporragenden Bogenträger überbrückt wurden. Um diese Bogenträger für den Anblick der Brücke nicht unschön erscheinen zu lassen, was bei einer schiefen Brück (sie mußte schief über den Donaukanal gebaut werden, weil sie direkt in der Achse der Ringstraße liegt) wie der neuen Aspernbrücke dadurch eintreten kann, wenn die Tragwände einander nicht senkrecht gegenüberstellen, sondern um ein beträchtliches Maß verschoben sind, mußte eine ungleiche Anordnung der Tragarme erfolgen. Dadurch wurde erreicht, daß die Mittelöffnung senkrecht zur Achse zu liegen kam. Diese Wahl des Systems ermöglichte es, daß mit einer verhältnismäßig seichten Gründung für die einzelnen Widerlager von etwa 5.5 Meter das Auslangen gefunden wurde. Die Aushebung des Grundes erfolgte wie bei der Aspernbrücke mit Caissons.

Die prächtigen Figuren und Löwen von dem bekannten Bildhauer Melnitzky, der alten Aspernbrücke wurden instand gesetzt und neuerlich in glücklicher Weise zur Aufstellung gebracht. Auch sonst wurde die Brücke reich geschmückt. Das Geländer, welches den Wiener Stadtadler als Motiv trägt, wird hauptsächlich durch die schöne Linienführung wirken. Große Sorgfalt wurde auf die Ausgestaltung des Durchdringungspunktes der Bogenträger mit der Fahrbahntafel gelegt. Ein architektonisch glücklich entwickelter Stützkörper in Verbindung mit dem Lampenträger und mit den Spannmasten für die Oberleitung der Straßenbahn wird diese vier Punkte der Brücke zieren. Als weiterer Schmuck wurden Adler und auch kriegerische Embleme verwendet, denn es soll auch an der neuen Brücke dauernd festgehalten werden, daß sie an eine der ruhmreichsten geschichtlichen Taten der österreichischen Armeen

Die erste Aspernbrücke, hier abgebildet, wurde am 30. November 1864 eröffnet, markant waren die allegorischen Figuren Krieg, Frieden, Ruhm und Wohlstand auf den Pfeilern; davor standen Steinlöwen. Die neue Aspernbrücke wurde am 30. November 1919 für den Verkehr freigegeben.

erinnert. So ist auch beabsichtigt, am Geländer, oberhalb der Wiener Adler, die Namen derjeniger Herrführer anzubringen, welche in der Schlacht von Aspern am 21. und 22. Mai 1809 sich so rumreich betätigt haben. An einem der Pylonen, welche die Melnitzkyschen Figuren und Löwen tragen, soll zur Erinnerung an den volkstümlichen Feldherrn v. Gablitz eine Relieftafel angebracht werden. [...]

DIE NEUE ZEITUNG, 3. SEPTEMBER 1917

Untere Donaustraße: „trocken behandelt"

Stimmen aus dem Publikum

Herr Redakteur!
Die Staubsaison hat begonnen. In den entlegensten Straßen und Gassen aller Vorstädte wird „aufgespritzt"; wie kommt es nun, daß die der Stadt, so nahe gelegene, so frequente und

volksreiche untere Donaustraße und die ihr parallellaufende Ferdinandsstraße im zweiten Bezirke dieser Wohlthat entbehren müssen? Die Fenster der unteren Donaustraße waren gestern und werden, falls nicht Abhilfe getroffen wird, den ganzen Sommer und Herbst hindurch hermetisch verschlossen sein, aus Furcht, die Zimmer versandet zu sehen. Und dabei fließt – o Ironie! – das Wasser des Donaukanals vor unseren Augen vorbei. Noch einmal fragen wir, wie kommt es, daß wir so „trocken", behandelt werden? Sind die unteren Organe an unserer Staubmisere Schuld oder müssen die Schuldigen „höheren" Orts selbst gesucht werden? Sie würden, Herr Redakteur, durch Beantwortung dieser Frage sehr zum Danke empfehlen.

Viele Bewohner der unteren Donaustraße und der Ferdinandsstraße.

MORGEN-POST, 10. MAI 1874

Blick auf den Donaukanal mit der Unteren Donaustraße an dessen linkem Ufer. Im Vordergrund die Aspernbrücke mit der Einmündung des Wienflusses, dahinter die Zentrale der DDSG im 3. Bezirk. Am Horizont das Riesenrad und der Kirchturm von St. Johann Nepomuk an der Praterstraße.

Die Folgen der Donauregulierung für die Schiffmühlen

Der neue Donaulauf und die Schiffmühlen

Der Durchstich am Rollerdamme ist nicht ohne ernste Folgen für die an der großen Donau gelegenen Schiffmühlen geblieben. Wie uns heute gemeldet wird, sind die bei den Kaisermühlen gelegenen Mühlen in Folge des Mangels an Triebwasser vollständig zum Stillstande gekommen, und die am Mühlschüttel befindlichen Wassermühlen, ungefähr sechzig an der Zahl, arbeiten augenblicklich aus dem gleichen Anlasse nur mit halber Kraft und müssen wenn diese Calamität noch wenige Tage andauert, ebenfalls stillstehen. Die Folgen dieser Gewerbsstörung treffen mithin bei 60 Mühlen, in denen ungefähr 2500 Personen nebst den lebenden Fundus instructus ihren Unterhalt bisher gefunden haben Es ist nicht anzunehmen, daß die Donau-Regulierungs-Commission auf diese für Wien wichtige Gewerbe keine Rücksicht genommen haben sollte, und so hoffen wir, daß dem zu Tage getretenen Uebelstande in geeigneter Weise demnächst abgeholfen werden wird.
Neue Freie Presse, 18. April 1875

Schiffmühlen

Gestern fand eine siebenstündige Berathung der Schiffmühlencommission statt und wurden hiebei folgende Resultate erzielt: 40 Handelsmühlen kommen unter die Stadlauer Brücke an das rechte und 12 an das linke Ufer; 14 Handelsmühlen bleiben vorläufig am Schüttel eventuell soll deren Verlegung unter die Nordwestbahnbrücke erfolgen. Nach Schluß der Berathung wurde der Donau-Regulierungs-Commission für die kräftige Unterstützung der Dank votirt.
Das Vaterland, 26. April 1875

Durch die Donauregulierung 1873 bekam nicht nur der Fluss ein neues Bett, auch die Ufer und deren Verlauf wurden neu definiert. Alte Bezeichnungen wurden übernommen und leben heute in Straßen- und Gassenbezeichnungen, wie in der Schiffmühlenstraße im 22. Bezirk, fort.

Selbstmord einer Unbekannten

Am rechten Donauufer, nächst den Schiffmühlen im Prater, hat sich am 28. v. M. nachts eine 20- bis 25jährige Frauensperson durch einen Revolverschuß getötet. Die Leiche wurde behufs Agnoszierung in die Beisetzkammer Am Tabor gebracht. Die Selbstmörderin, welche den besseren Ständen angehört haben dürfte, war von mittelgroßer Statur, hatte braune Haare, braune Augen, gute Zähne, trug grünen Mantel, braunes Kostüm, lange Jacke, rote Bluse mit weißem Kragen und schwarzer Krawatte, schwarze Strümpfe, schwarze Knöpfelhalbschuhe und grünen Velourhut mit Schnepfenkopf. Bei der Toten fand man einen schwarzen gelbgefütterten Muff, ein weißes Spitzentaschentuch, ein silbernes Uhrenarmband und mehrere Schlüssel.
Neues Wiener Journal, 2. März 1914

Maria-Grün:
„nahe dem Lusthaus"

„Maria-Grün" in der Freudenau

In dem weiten Raum zwischen Winterhafen und Handelskai ist in den letzten Jahrzehnten ein neuer Stadtteil entstanden, den eine volle Wegstunde von der nächsten Kirche, der Pfarrkirche Donaustadt, trennte. Ein Notgottesdienst, der im Turnsaal einer Schule gehalten wurde, fiel dem Religionshaß der städtischen Machthaber zum Opfer, und wollten die Freudenauer nicht ohne Gotteshaus bleiben, mußten sie sich selbst ein Kirchlein schaffen. Dieser Aufgabe sind die Patres Trinitarier, die Pfarrherren der Donaustadt, und die opferwillige Bevölkerung in erstaunlich kurzer Zeit nachgekommen; im September wurde Maria Grüns Grundstein gelegt, im November wurden seine Glocken geweiht und gestern hat Kardinal Piffl das neue Gotteshaus seinem Zweck übergeben.

Der winterliche Prater bietet ein eigenartig stimmungsvolles Bild. Die Baumriesen strecken ihre entlaubten Aeste zum Himmel, dickes Eis deckt die Tümpel, die erst vor wenigen Tagen ein kostbares Menschenleben gefordert haben, der Nebel hemmt den Blick. In diesem winterlichen Praterbild rufen – ganz ungewohnt – drei helle Kirchenglocken zur Andacht und auf allen Wegen kommen Menschenscharen zu dem kleinen Gotteshause, das – ein Werk des Stadtbaumeisters Münster – sich nahe dem Lusthaus aus dem Gewirr der Bäume und Sträucher erhebt. So wurde gestern „Maria-Grün" eingeweiht.

Die christlichen Mandatare des zweiten Bezirkes, aber auch von anderen Stadtteilen, fanden sich ein. Man sah RR. Volker, Stadtrat Körber, die Gemeinderäte Paulitschke, Hörmayer und Kiefer, BVSt. Ludikovsky, sowie die Ortsschulräte Krippner, Weiß und Fritsch, ferner die Hofräte Dr. Schebek und Dr. Lieger, als offizielle Vertreter der Polizei die Regierungsräte Schmarda und Michall, Sektionsrat Dr. Scheimpflug, den Schöpfer des Kirchleins Stadtbaumeister Münster, Vorstand Kantner mit den Ausschußmitgliedern der Fleischhauerkompanie (die am Donaukai ihr Lager hat). Die Feuerwehr Schiffmühlen-Krieau und der Bläserchor des Jugendbundes Donaustadt waren korporativ ausgerückt.

Die Patres Trinitarier der Pfarre Donaustadt, zu der „Maria-Grün" gehört, erwarteten unter Führung Pfarrer Schumachers den Erzbischof Wien, Kardinal Doktor Piffl, der von Frl. Hölzl mit einem stimmungsvollen Gedicht und nachher vom Obmann des Kirchenbaukomitees, Pater Vinzenz Mayrhofer, begrüßt, die Einweihung der Kirche vornahm. Darnach zog die Gemeinde in das neue Gotteshaus ein und der Kirchenfürst hielt vom Altar, den ein schlichtes Holzkruzifix als einziger Schmuck ziert, die Festpredigt.

Nachher las Kardinal Dr. Piffl, assistiert von den Patres der Trinitariern, die heilige Messe, deren musikalischen Teil der Kirchenchor unter Leitung des Herrn Hanke trefflich bestritt. Mit dem machtvollen Gesang des Hymus „Großer Gott, wir loben dich" schloß die Einweihung von

Maria Grün, damals wie heute ein weitgehend unbekanntes Kleinod, ein Ort der Ruhe und der Kraft in den Praterauen der Freudenau.

„Maria-Grün". Alle Teilnehmer vereinigten sich in dem Wunsche, den Kardinal Piffl nach der Feier aussprach, daß sich in nicht allzuferner Zeit hier ein mächtiges Gotteshaus erhebe, an das sich das eben geweihte Kirchlein als kleine Kapelle anlehnen werde.
Reichspost, 22. Dezember 1924

Die alte Reichsbrücke:
„Jeder Umbau ... ist unrationell"

Die Unzulänglichkeit der Reichsbrücke.
Die Vorteile eines Neubaues für Verkehr und Volkswirtschaft.
Von Stadtbaudirektor Dr.-Ing. Franz Musil

Wien, 31. Juli
Daß die Reichsbrücke für den Verkehr, der sich heute auf ihr abwickelt, zu schmal ist, das ist allgemein bekannt. Aber selbst wenn sie bedeutend breiter wäre, so wäre ihre Tragfähigkeit für die Lasten eines modernen Verkehres ungenügend. Nach heutigen Begriffen ist die Qualität des Eisens, das bei der Konstruktion Verwendung fand, mangelhaft. In den siebziger Jahren des vorigen Jahrhunderts – die Brücke wurde 1872 bis 1876 errichtet – kannte der Stand der Technik als Brückenbaumaterial noch nicht den Stahl, sondern nur das Schweißeisen. In den mehr als fünfzig Jahren ihres Bestandes hat die Brücke ihre Lebensdauer erschöpft. Mit Rücksicht auf das in Verwendung stehende Material kann also einem Umbau nicht das Wort geredet werden. Denn jeder Umbau, dessen Ergebnis nicht für weitere fünfzig Jahre genügen würde, ist unrationell. Bei der eminenten Wichtigkeit, die gerade diese Brücke im Verkehr zwischen Stadt und Land und innerhalb der Stadt zukommt, ist ein Flickwerk nicht am Platze.

In ihrer heutigen Gestalt ist die Fahrbahn der Brücke 7.58 Meter breit, rechts und links geht ein Gehweg der je 1.9 Meter breit ist. Sie darf offiziell nur von Lastwagen bis 7.3 Tonnen Gewicht befahren werden. Wiederholt transportiert heute ein Lastauto mit Anhängern den Inhalt eines Waggons, also 10 bis 15 Tonnen. Es wäre unbillig, von dem Polizeiposten, der am Brückenkopf Dienst macht, zu verlangen, daß er jeden Lastwagen auf sein wahres Gewicht taxieren soll. Auch hat er bei der Dichte des Verkehres gar keine Muße, sich mit einem einzelnen Lastauto besonders intensiv zu beschäftigen. So mag wiederholt schwereres Fuhrwerk über die alte Brücke fahren, was natürlich für ihren Gesamtzustand eine wesentliche Schädigung darstellt.

Wie die neue Brücke aussehen sollte

Eine neue, allen Anforderungen entsprechende Brücke müßte 20 Meter breit sein. Und zwar wären vorzusehen: für die beiden in der Mitte gelegenen Straßenbahngeleise 5½ Meter, für je zwei Fuhrwerksbahnen an ihren Seiten 12 Meter, für zwei Fußwege 9 Meter und für die Breite der Tragwände etwa 2½ Meter. Zwei Fuhrwerksbahnen nach jeder Richtung sind notwendig, um die schnelleren motorischen Fuhrwerke nicht durch die gemächlich dahinrollenden

Der Tag der Eröffnung, der 18. August 1874, war der 44. Geburtstag Kaiser Franz Josephs. Sie hieß zunächst Franz-Joseph-Brücke und wurde „um halb 2 Uhr Mittags" in einem Festakt dem Straßenverkehr übergeben; der Kaiser selbst war nicht anwesend.

Bauernwagen zu hemmen. Je eine Fahrbahn könnte den Autos, die andere den Pferde- und Handwagen vorbehalten werden. In Amerika geht die Trennung des Schnell- und Langsamverkehrs bei Brücken gar so weit, daß dort zwei Etagen übereinander konstruiert werden. Die neue Brücke hätte eine Höchstbelastung bis zu 32 Tonnen zu vertragen, so daß selbst die schwersten Kessel und Walzen über sie transportiert werden könnten.

Kosten und Dauer eines Neubaues

Die Errichtung einer solchen Brücke erfordert einen Kostenaufwand von fünfunddreißig bis vierzig Millionen Schilling. Der Bau dürfte etwa drei Jahre dauern. Von der Errichtung einer provisorischen Holzbrücke könnte abgesehen werden.

An der Baustelle selber würden 500 Personen, in den Werkstätten eine weitere erhebliche Zahl Arbeit finden. Was das in den Jahren der heutigen Arbeitslosigkeit bedeutet, ist einleuchtend. Ein solcher Neubau wäre eine Belebung des gesamten Baugewerbes und der Brückenbauanstalten. Das Geld würde im Lande bleiben, denn alles benötigte Material kann im Inlande erzeugt werden. […]

NEUE FREIE PRESSE, 31. JULI 1928

Erzherzog-Karlplatz: „Kirchliches Bauwerk, das in Wien keine Vorbilder hat"

Die Kirche in der Donaustadt

Die mächtig aufstrebende Donaustadt, der an der Donau gelegene, in steter Entwicklung begriffene Teil des zweiten Bezirkes, hatte gestern einen besonderen Festtag, der auch in der herrlichen Ausschmückung der Straßen zum Ausdruck kam. Namentlich der Erzherzog-Karlplatz [Mexikoplatz] bot ein selten schönes Bild; Fahnen in den Farben des Reiches und der Stadt wehten von den Giebeln der Häuser, deren Fassaden und Fenster mit Kaiserbildern, Emblemen und Teppichen festlich geschmückt waren. Galt es doch, dem beliebten Monarchen, der zur Einweihung der anläßlich seines hehren Regierungsjubiläums erbauten Pfarr- und Garnisonskirche mit den in Wien weilenden Mitgliedern des Kaiserhauses erschienen war, einen ebenso herzlichen als würdigen Empfang zu bieten. Die höchsten Würdenträger des Hofes, des Reiches und der Stadt hatten sich versammelt, vom frühen Morgen waren die Straßen von einer festlich geschmückten und freudig gestimmten Menschenmenge belebt, die dem Erzherzog-Karlplatze zuströmte. Die ungezählten christlichen Vereine kamen mit klingendem Spiele und wehenden Fahnen anmarschiert, um gemeinsam mit der Schuljugend, die im Festgewande mit den Lehrern und Lehrerinnen ausgerückt war, ein dichtes Spalier zu bilden, hinter dem die vieltausendköpfige Bürgerschaft Aufstellung genommen hatte.

Von der Kronprinz-Rudolfstraße her grüßte schon von ferne der imposante rot bedachte Hauptturm der Kirche, die sich mit ihrer überragenden Lage äußerst wirkungsvoll repräsentiert, umgeben von grünen Rasenflächen, von denen aus man sie über Stufen auf die Plateaus rings um die Kirche gelangt, erinnert der gewaltige Bau an den mittelalterlichen Burgenstil der karolingischen Zeit. Obwohl nur im Baue fertig und der Vorhallen sowie innerer Einrichtungen noch entbehrend, ist die Jubiläumskirche, die nach dem Tode ihres Schöpfers Architekten Luntz von dem hochbegabten Baurat Kirstein vollendet wurde, ein monumentaler Schmuck der Residenz und wird nicht nur der Kirchennot abhelfen, sondern den ganzen Bezirk zieren. Hart am Donaustrome gelegen, erscheint das originelle kirchliche Bauwerk, das in Wien keine Vorbilder hat, mit seinen gewaltigen Dimensionen der überragenden Lage kunstvoll angepaßt. [...]

Reichspost, 3. November 1913

Der Erzherzog-Karlplatz wurde am 20. Juni 1956 in Mexikoplatz umbenannt. Details enthüllt ein Gedenkstein: „Mexiko war im März 1938 das einzige Land, das vor dem Völkerbund offiziellen Protest gegen den gewaltsamen Anschluß Österreichs an das nationalsozialistische Deutsche Reich einlegte."

Der Eisstoß: „Wanderziel vieler Tausender"

Heute morgen: 25 Grad Kälte

[...] Die Tieftemperaturen erstrecken sich über weite Gebiete von Mitteleuropa, in keiner der großen Städte aber macht sich der Frost so ungewöhnlich bemerkbar als in Wien. Die Stadt bietet jetzt ein eigentümliches Bild. Die Straßen sind förmlich entvölkert, was man am gestrigen Sonntag deutlich wahrnehmen konnte. Die Fußgänger bewegen sich in raschem Tempo und gar viele, deren Herz es verträgt, laufen streckenweise um sich zu erwärmen, richtiger gesagt, um nicht ganz auszufrieren. Die Wintersportler – und die

Kohlenhändler – sind die einzigen bei denen man vergnügte Gesichter sieht. Sie beide haben eine seit langem nicht beobachtete Konjunktur zu verzeichnen. Der Frost und seine Folgen sind allgemein Tagesgespräch, und die neueste Sehenswürdigkeit, das seit vielen Jahren nicht mehr geschaute Wunder des Eisstoßes, war gestern das Wanderziel vieler Tausende von Menschen. Der ganze Verkehrsskandal der Reichsbrücke, an den man sich in den Tagen des Massenzustromes zu den Bädern im vorigen Sommer gewöhnt hat, war gestern wieder aufgelebt. Mit der Straßenbahn, mit Autos, zu Fuß – die Bundesbahnen hatten nach Heiligenstadt sogar einen Sonderzug in Betrieb gestellt – strebte alles der Donau zu, um ein anschauliches Bild einer Polarlandschaft zu bewundern. Es ist ein aufregend schönes Schauspiel, dem Aufbau des Eisstoßes bei der Nußdorfer Schleuse zuzuschauen oder den bereits zu mächtiger Höhe gewachsenen Eisstoß bei der Reichsbrücke zu betrachten, der wie ein vielfach zerklüfteter, im hellen Sonneschein wie Silber glänzender Panzer den mächtigen Strom in Fesseln geschlagen hält.

Neue Freie Presse, 11. Februar 1929

Eisstöße wie der von 1929 oder jener aus dem Jahr 1940 waren nicht nur faszinierende Naturschauspiele, sondern stellten für Donaunahe Bezirke, wie die Leopoldstadt stets ernste Hochwassergefahren dar.

Lasalle-Hof: Vor- und Rücksprünge in der Fassade

Die neue Bauepoche der Stadt Wien.
Von Oberbaurat Architekt Ingenieur Josef Bittner.
Der Lasalle-Hof

Der Entwurf zu dieser umfangreichen Wohnhausanlage ging aus einem allgemeinen, öffentlichen Wettbewerb hervor, für den 91 Projekte einlangten. Eine Arbeitsgemeinschaft bestehend aus den Architekten Hubert Geßner, Hans Paar, Fritz Waage und Fritz Schloßberg errang den zweiten Preis. Das Projekt dieser Arbeitsgemeinschaft wurde ausgeführt.

Die Lage der Baustelle an dem verkehrsreichen Straßenzug Praterstern – Reichsbrücke und an der erweiterten Kreuzung der Lasallestraße mit der Vorgartenstraße, forderte in städtebaulicher Hinsicht eine besondere Betonung des architektonischen Ausbaues. Diese wurde durch eine turmartige Entwicklung der Gebäudeecke Lasallestraße-Vorgartenstraße mit anschließender kräftiger Abtreppung der Baumassen nach der Vorgartenstraße erreicht.

Die Anordnung der Trakte zeigt die typische Lösung mit einem geräumigen Binnenhof und zwei Seitenhöfen, die, mit den Nachbarhöfen vereinigt, eine gute Belichtung der Wohnungen ermöglichen. Der Bau hat sechs Wohngeschosse mit 290 Wohnungen. Es sind zumeist Wohnungen mit zwei und drei Räumen, ferner mit Vorzimmer, Klosett, Klopfbalkon und Loggia. Außerdem ist in der Anlage ein großer Kindergarten vorgesehen. In der Lasallestraße sind auch Geschäftslokale untergebracht, ferner Räume für eine Mutterberatungsstelle und Räume für die Straßenpflege.

Die Fassade ist zur Gänze in lichtgrauem Edelputz ausgeführt, was dem Bau ein besonderes Gepräge verleiht. Wieder sind es die großen Formen, mit denen die Wirkung erzielt wird: große Vor- und Rücksprünge in der Fassade, Erker, Loggien, Terassen usw. Die architektonisch bedeutsamen Partien dieses jetzt schon sehr bekannten Volkswohnhauses sind der große Hauseingang in der Lasallestraße mit dem anschließenden Vestibül und der bereits erwähnte achtstöckige Turm, der eine breite Fernsicht auf Wien und seine Umgebung bietet. Im obersten Stock des Turmes hat die Bezirksgruppe Leopoldstadt des Touristenvereines Die Naturfreunde zur Freude ihrer Mitglieder ein Unterrichtsheim und ein Photoatelier eingerichtet.

Arbeiter Zeitung, 4. Oktober 1926

Der Lasalle-Hof aus der Ära des „Roten Wien" wurde nach dem Pionier der deutschen Arbeiterbewegung Ferdinand Lassalle (1825–1864) benannt. Von 6.720 Quadratmetern Gesamtfläche wurden 3.840 Quadratmeter verbaut, 163 von 290 Wohnungen hatten 36 Quadratmeter, die größten Wohnungen (5 Stück) verfügten über 75 Quadratmeter.

Blindeninstitut: 250 freiwillige Mitarbeiter in der Bibliothek

Was die Blinden lesen

Als der Krieg ausbrach da wandten sich die meisten Frauen und Mädchen dem Hilfsdienst in den Spitälern zu oder dem Labedienst auf den Bahnhöfen. Mit der Ausbreitung der Kriegsfürsorge eröffneten sich aber immer neue Gebiete der Tätigkeit der freiwilligen Helferinnen. Es gab viel Nachfrage nach Mitarbeiterinnen und auch viel Angebot, und so entstand die Notwendigkeit, die Zuteilung der Arbeitskräfte je nach den Bedürfnissen zu regeln. Eine Gruppe von Frauen gründete eine Zentralstelle, bei der einerseits die verschiedenen Kriegsfürsorgeinstitutionen um Mitarbeiterinnen ansuchen und anderseits wieder diese sich zu ihrer Verwendung je nach ihrer Eignung und Lust zur Verfügung halten. Es ist die Auskunftsstelle für Kriegsbetroffene, die in der Herrengasse ihr Bureau aufgeschlagen hat.

Von dieser Stelle aus sind bereits viele Frauen und Mädchen der besseren Gesellschaftsklasse dem Blindeninstitut in der Wittelsbachstraße zugewiesen worden, wo sie für die Bibliothek des Instituts die Uebertragung von Büchern aus der Schwarzdruckschrift in die Blindenschrift übernehmen. Diese Bibliothek, die heute etwa 250 freiwillige Mitarbeiter zählt, hat im Kriege allein einen Zuwachs von etwa 150 Mitarbeiterinnen erhalten, die sich mit Liebe der Aufgabe widmen. Unter dieser Mitarbeiterschaft sind etwa 80 bis 90 Prozent Frauen und Mädchen und kaum 10 bis 15 Prozent Männer.

Das Zustandekommen einer Blindenbibliothek erinnert an die Zeit vor Guttenberg da es noch keinen Druck gab und die Bücher auf handschriftlichem Wege vermehrt und verbreitet werden mußten. Zwar gibt es auch für die Blindenschrift ein maschinelles Verfahren, das gegenüber der Handschrift, ganz abgesehen natürlich von der rascheren Vervielfältigung auch sonst noch eine Reihe von Vorteilen bot, so vor allem den kleineren Umfang des hergestellten Buches. Die Einführung des Buchdrucks für die Blinden scheiterte jedoch bisher an der materiellen Frage, da die den verschiedenen Blindeninstituten zur Verfügung stehenden Fonds für diese Zwecke noch allzuklein sind, anderseits aber der Absatz jedes einzelnen Buches so beschränkt ist, daß durch ihn die Herstellungskosten niemals aufgebracht werden könnten. Die Maschine wird deshalb vorläufig hauptsächlich nur für die Vervielfältigung der regelmäßigen Mitteilungen der Blindeninstitute, der von den einzelnen Blindenvereinen herausgegebenen Zeitschriften und dergleichen mehr verwendet. Der Hauptbestand der Blindenbibliotheken aber setzt sich aus handschriftlichen Büchern, von freiwilligen Mitarbeitern geleistet, zusammen. Trotz der verhältnismäßig jungen Entwicklung der Blindenbibliotheken – die ersten sind anfangs der neunziger Jahre zunächst in Berlin und Wien entstanden – verfügen die großen Bibliotheken über Tausende von Werken. Die Bibliothek des Wiener Blindeninstituts zählt allein etwa 10.000 Bände, darunter 7000 durch Handschrift hergestellt. Die Bücherliste ist keineswegs irgendwie einseitig, sondern bietet den Lesern auf allen Gebieten das Beste vom Besten.

Das Wiener Blindeninstitut befindet sich seit 1898 im zweiten Wiener Gemeindebezirk in der Wittelsbachstraße 5. Nach der Zerstörung des Gebäudes im Jahr 1945 folgte der Wiederaufbau, der bis 1958 dauerte.

    Der neue Mitarbeiter – die Anregung zur freiwilligen Mitarbeit stammt aus England – wird zunächst in das System der Blindenpunktschrift eingeführt, die um die Mitte des vorigen Jahrhunderts von dem französischen Blindenlehrer Louis Braille erfunden, doch erst in den achtziger Jahren in Deutschland verbreitet wurde. Dann wird dem Schreibschüler die Verwendung der sogenannten Prager Tafel erklärt. Sie besteht aus zwei rechteckigen, durch ein seitliches Scharnier verbundenen Metallplatten, von denen die eine in 21 Zeilen je 28 vertiefte Punktgruppen enthält, während die andere mit Ausschnitten versehen ist, die, wenn die Platten aufeinanderliegen, mit den Punktgruppen der ersten Platte korrespondieren. Zum Schreiben, richtiger gesagt zum Punktieren, dient ein Griffel in Form eines abgestumpften Nagels, der in einen hölzernen Griff eingelassen ist. Während die Braillesche Schrift so wie die Schrift der Sehenden – von links nach rechts – gelesen wird, schreibt man sie auf der Prager Tafel von rechts nach links. Man schreibt also ein Negativ des Textes, der dann als Positiv aus der Rückseite gelesen wird. Nach einer halben Stunde ist der Schüler in das System der Blindenschrift eingeweiht. Er muß aber, ehe ihm die Uebertragung eines Büches aus der Schwarzdruckschrift anvertraut wird, zunächst eine Probschrift vorlegen, eine kurze Fabel, eine kurze Erzählung von wenigen Zeilen. Erst wenn diese Probearbeit fehlerlos geschrieben ist, erhält er ein Buch, um es auch für die Blinden lesbar zu machen.

Neues Wiener Journal, 19. April 1916; Seite 6

Sängerbundfest: „Festplatz auf der Jesuitenwiese"

Das Sängerbundfest. Beginn der Festwoche

Die große Festwoche hat begonnen. Fieberhaft werden die letzten Arbeiten fertiggestellt, während bereits zahlreiche Sängergäste in Wien weilen. Die Tribünen auf der Ringstraße wachsen stündlich und im Prater arbeitet alles in Fieberhast. Die Praterwirte schmücken ihre Gaststätten mit Fahnen und mit den Abzeichen des Sängerbundes, das man auch in der Stadt schon über vielen Geschäften und Gasthäusern sieht. In der Hauptallee überraschen Autos. In dieser Woche nämlich ist der Autoverkehr über die Hauptallee freigegeben. Das wird bereits von Autotaxis zu Vergnügungsfahrten ausgenützt.

Festplatztrubel

Am lebhaftesten geht es natürlich auf dem eingeplankten Festplatz auf der Jesuitenwiese zu. Mitten zwischen dem Publikum, das dort den ganzen Tag über auf den Bänken sitzt und ißt und trinkt, mitten zwischen Heurigenmusik, zwischen Militärkonzert, Lautsprechermusik und Proben wird gehämmert und gesägt, gestrichen und geschmückt, fahren Lastwagen, Dampfwalzen, Spritzwagen, eilen Ordner und Verkäufer hin und her. Die meisten Verkaufsstände sind bereits eröffnet. Neben den vielen Lebensmittelständen gibt es auch Buchhandlungen, Tabaktrafiken, eine Zweigstelle des Oesterreichischen Verkehrsbureaus, Häuschen, in denen man Straßenbahnfahrkarten erhält, eine Wechselstube, einen Kiosk mit Konzert- und Festkarten. Die Postzweigstelle ist bereits eröffnet. Die Sängerhalle wurde gestern weiter geschmückt, lange Fahnen wehen von den Dachfenstern am Rande des Mittelschiffes herab. Die Dachstützen, die dort das Seitenschiff abgrenzen, sind mit rot-weiß-roten und schwarz-rot-goldenen Fahnen überkleidet. An der Stirnfront hinter dem Sängerpodium hängen drei riesige Flaggen, jene von Wien, von Oesterreich und von Deutschland. Und an den Wänden erzählen die Fahnenfarben mit den Wappen darauf von den vielen Sängervereinen, die nach Wien kommen.
NEUE FREIE PRESSE, 17. JULI 1928

Das 10. Deutsche Sängerbundtreffen fand anlässlich des 100. Todestages von Franz Schubert (1797–1828) statt. Die Halle, 180 mal 120 Meter groß, war für 60.000 Leute bestimmt; laut Medien erlebte Wien mit 180.000 Teilnehmer von 9.000 Vereinen die größte Kundgebung aller Zeiten.

Die Zukunft der Sängerhalle

Die Frage was mit der Riesensängerhalle im Prater geschehen wird, ist noch nicht beantwortet. Jedenfalls bleibt der Bau vorerst stehen, während die Buden im Umkreise abgebrochen werden. Eine Körperschaft oder ein Verein, der als ernsthafter Interessent für die Uebernahme der Halle gelten könnte, hat sich noch nicht gemeldet. Abgesehen von den Dimensionen des Gebäudes und seiner Lage, ist dies darauf zurückzuführen, daß die Halle selbst in unbenützten Zustand einen Bewachungs- und Feuersicherungsdienst beansprucht, den 20 Personen versehen müßten, der also sehr kostspielig ist. Wenn auch mit wesentlichen Erhaltungskosten vorerst nicht zu rechnen ist, da nach Aeußerungen der Erbauer die Halle mindestens 15 Jahre in ihrem jetzigen Zustande überdauern dürfte, so sind selbstverständlich auch Erhaltungskosten zu bestreiten, wenn der als Provisorium gedachte Bau entgegen den ursprünglichen Plänen länger stehen bleiben sollte.

Neue Freie Presse, 23. Juli 1928

Sängerfest: „... Umsätze, wie sie hier noch nie gemacht wurden."

Das Sängerfest und die Geschäftswelt.
Der Riesenbetrieb auf dem Festplatz und im Prater

Ein Restaurateur, der auf dem Festplatz mehrere Kioske unterhält, teilt uns mit: „Unsere Erwartungen haben sich in jeder Beziehung vollauf erfüllt. Der Verkehr zwischen Geschäftsleuten und den Sängern spielt sich reibungslos in den liebenswürdigsten Formen ab. Der Konsum ist ungeheuer, aber die Wirte auf dem Festplatz haben dies vorausgesehen und rechtzeitig für entsprechende Belieferung gesorgt. Die erste Veranstaltung in der Sängerhalle hat uns noch veranlaßt, eine gewisse Umstellung vorzunehmen, und zwar haben wir uns auf Grund der ersten Erfahrungen hauptsächlich auf Massenkonsumartikel eingerichtet, die am besten geeignet sind, die Massennachfrage zu befriedigen. Noch nie wurden in Wien derartige Riesenmengen von Würsteln und von Bier konsumiert, wie dies in diesen Tagen der Fall ist."

    Die Mitteilungen der Praterwirte und Praterunternehmer sind im gleichen Ton gehalten. Der Besitzer eines bekannten Unterhaltungsunternehmens erzählt: „Der Volksprater der im letzten Jahre außerordentlich unter der Ungunst der Witterung zu leiden hatte, erlebte eine Hochkonjunktur, wie er sie in diesem Umfange noch nie mitgemacht hat. Die Einrichtung des Durchspielens – alle Praterbetriebe sind ohne Pause von Donnerstag bis Montag offen – entspricht vollständig den Bedürfnissen. Es gibt kaum eine Zeit, zu der der Betrieb vollständig aussetzen würde. Oft ist der Volksprater derart gedrängt voll, daß nur die geschlossene Masse langsam vorwärts kommen kann. Das Riesenrad, die Hochschaubahn, alle Karussells, die neuen Autodroms, die ehrwürdigen Hutschen die verschiedenen Arten von Praterschauen, sind ständig belagert und erzielen Rekordzahlen an Besuchern. Für viele Sängergäste, die aus der deutschen Provinz stammen, bedeutet der Praterbesuch überhaupt den ersten Besuch in einem großzügigen Unterhaltungspark, und diese Gäste stecken alle anderen mit ihrer Freude an. Die Praterunternehmer würden wünschen, daß ein Sängerfest in diesem Ausmaße mindestens einmal in jedem Monat gefeierte würde. Eine Schätzung des Konsums und der Ausgaben der Sänger im Volksprater ist vorläufig noch ganz unmöglich, sie erreichen aber jedenfalls Umsätze, wie sie hier noch nie gemacht wurden.
Neue Freie Presse, 22. Juli 1928

Die Liliputbahn, eine Initiative des Praterunternehmers Ludwig Pretscher, startete ihren Betrieb am 1. Mai 1928, noch rechtzeitig vor dem 10. Sängerfest im Juli. Ursprünglich sollte sie vom Riesenrad bis zur Kirche Maria Grün führen; realisiert wurde sie nur bis zum Südportal der Rotunde.

Heimsiege für das Wunderteam

Österreich – Deutschland 5:0 (2:0).
Wieder ein großer Tag im Stadion

Das Wiener Stadion hat gestern abermals eine Feuerprobe bestanden: es hat bewiesen, daß seine Räumlichkeiten auch jeder großen bürgerlichen Sportveranstaltung in jeder Beziehung gewachsen sind. Fast völlig reibungslos vollzog sich der Zu- und Abstrom der Massen und das Bild der mehr als dreißigtausend Menschen im Riesenoval war wiederum ungemein eindrucksvoll.

Auch mit den gebotenen sportlichen Genüssen konnte man zufrieden sein. Oesterreich konnte zwar die glanzvolle Frühjahrsform des Spieles gegen Schottland nicht ganz erreichen, bot aber immerhin wiederum ein sehenswertes Spiel und war der deutschen Mannschaft um Klassen überlegen. Nur in der Verteidigung hatte Deutschland den Österreichern ebenbürtige Waffen. Schon in der Deckung zeigte sich ein Plus für Österreich, eine wahre Kluft aber tat sich im Können der beiderseitigen Stürmerreihen auf: bei den Deutschen fünf grobschlächtige schwerfällige Einzelspieler, bei den Österreichern eine ideenreiche Gemeinschaftsarbeit. Nur Schall fiel hier etwas aus dem Rahmen. Der weitaus beste Mann im ganzen Rahmen war Sindelar, dessen stupende Technik und raffinierten Täuschungsmanöver die Gegner nahezu zur Verzweiflung brachte. Nächst ihm zeichnete sich im Angriff am meisten Zischek aus. Die Deckung war gleichmäßig gut und bedeutet eine wertvolle Unterstützung des Angriffs. Besonders Mock wurde durch einige Weitschüsse dem deutschen Tor sehr gefährlich. Von den Verteidigern war Rainer der bessere. Hiden bekam nicht allzu schwere Arbeit, er entledigte sich ihrer mit Eleganz und überlegener Ruhe.

Schon nach drei Minuten fiel das erste Goal durch Sindelar. Dann dauerte es längere Zeit, bis nach einer Flanke Zischeks, Schweidl den zweiten Punkt für Österreich holte. Nach der Pause drängten die Deutschen kurze Zeit. Hierbei produzierte der im übrigen sehr zahme Hofmann einen Stangenschuß. Von da an bis zum Schluß beherrschte Österreich die Situation. Nach einem Treffer Zischeks kam Sindelar noch zweimal zu Goalehren, besonders effektvoll war das vierte Goal, das aus einem wuchtigen Volleyschuß Sindelars entstand. Knapp vor Schluß hatte Vogl gute Aussicht, noch einen sechsten Treffer zu erreichen und damit dasselbe Resultat zu erreichen, wie zu Pfingsten in Berlin, doch schoß er über das Tor. Es blieb also beim 5:0. Schiedsrichter Ohlsen (Schweden).

Arbeiter Zeitung, 14. September 1931

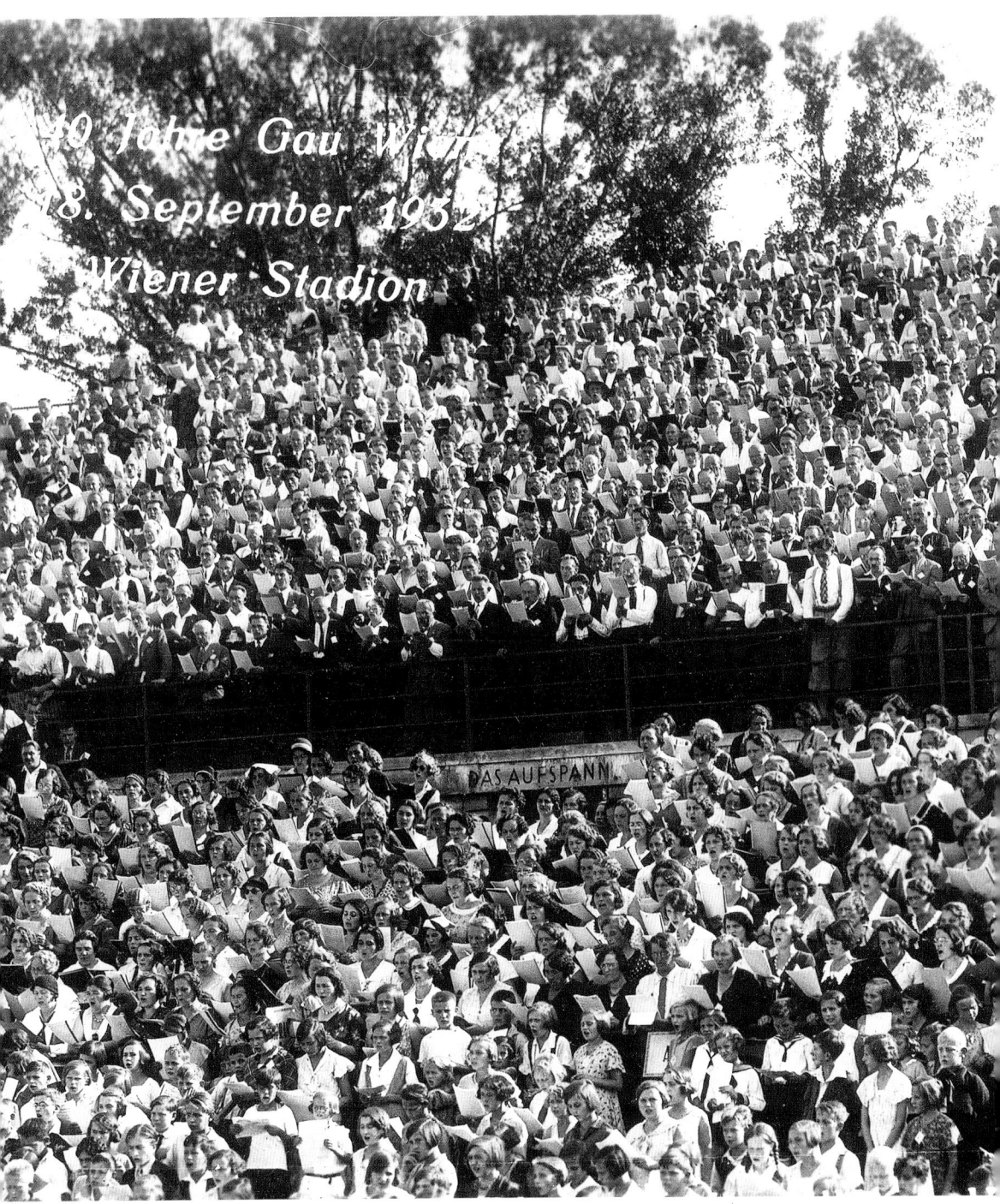

Das Wiener Stadion wurde nach 23monatiger Bauzeit am 11. Juni 1931 im Rahmen der II. Arbeiterolympiade eröffnet. Damals bot es Platz für 65.000 Zuschauer, 1956 kam der dritte Rang dazu und das Oval fasste nunmehr 91.150 Personen.

Eine Elementarkatastrophe: „Die Rotunde brennt!"

Die Rotunde abgebrannt

Als gestern in den ersten Nachmittagsstunden der Schreckensruf „Die Rotunde brennt!" durch die Straßen von Wien gellte und von Mund zu Mund weitergegeben wurde, da schien mit einemmal der großstädtische Verkehr zu stocken. Und manchem Wiener war es in dieser Stunde bitterweh ums Herz. Die Rotunde bedeutet ja den Aelteren unter uns ein Stück Jugend. Sie war eine Herzenssache Wiens und der Wiener. Sie kam gleich nach dem Stephansturm. Ein Wahrzeichen Wiens. Und wer die Höhen des Kahlenberges erstiegen hatte, der hielt zuerst nach der Rotunde Ausschau, um sich nach ihr zu orientieren. Darum dachte man gestern erst in zweiter Linie an den gewiß ungemein großen Schaden. Man vergaß natürlich auch vollständig, daß es der Rotunde seit ihrer Entstehung im Ausstellungsjahr nicht an den strengen ästhetischen Kritikern gefehlt hat, die dem Bauwerk Stilmischung zum Vorwurf machten, und daß der Wiener Volkswitz ihr in die Wiege den Spitznamen „Guglhupf" mitgegeben hatte.

Es sind heute mehr als zwei Menschenalter her, daß die Rotunde erbaut wurde, wir hatten uns ja längst an sie gewöhnt und sie ins Herz geschlossen: Sie spiegelt ja die Geschichte Wiens wieder. Sie hat in frohen und in traurigen Tagen ihre Rolle gespielt. Immer mit Anstand und Würde. Die Rotunde ist, bevor sie die wichtige Aufgabe übernahm, den Messezwecken zu dienen, der Schauplatz einer langen Reihe von Ausstellungen gewesen. Dort hat Kronprinz Rudolf die Elektrische Ausstellung eröffnet und das berühmte Wort gesprochen: „Ein Meer von Licht strahle von dieser Stadt aus!" Dort hat man sich an den Wundern der Musik- und Theaterausstellung begeistert. Und an diesem Glanzpunkte der Wiener Ausstellungschronik schloß sich eine unendlich lange Reihe von Expositionen aller Art. In der Rotunde haben exotische Schautruppen ihr Lager aufgeschlagen. Pauline Metternich hat dort ihre ersten Feste veranstaltet, die so vielen Wiener Wohltätigkeitsinstitutionen ihr Wirken ermöglichten. In der Rotunde hat Girardi zum erstenmal das „Fiakerlied" angestimmt, hat Max Reinhardt seine Masseninszenierungen vollführt. Dann kam der Krieg und mit ihm trat wieder der bittere Ernst an die Stelle künstlerischer Darbietungen.

Vorbei! Vorbei! Die Rotunde, die Oesterreich auf einem Teil jenes Großmachtweges begleitet hat, von der Weltausstellung an, der sie ihr Entstehen verdankte, bis zur Adriaausstellung, der letzten Ausstellung der alten Monarchie, hat sich auch getreulich in den Dienst des neuen Oesterreich gestellt. Jetzt, nachdem die Rotunde gleich nach dem Londoner Kristallpalast, gleich dem Münchner Glaspalast das Opfer einer Elementarkatastrophe geworden ist, sieht sich unser Vaterland vor der Aufgabe, für ihren Ersatz zu sorgen. Es ist bezeichnend für den Aufbauwillen und die erstarkte Energie unseres Volkes, daß wir uns nicht sentimentalen

Am 17. September 1937 wurde unabhängig von zwei Brandmeldern um 12 Uhr 36 der Brand des Hauptgebäudes gemeldet. War zunächst von außen das wahre Ausmaß nicht erkennbar, breitete sich im Inneren das Feuer rasch aus. Die Feuerwehr war um 12 Uhr 55 vor Ort, kurz nach 13 Uhr 30 stürzte die Kuppel ein.

Erwägungen hingeben, sondern daß schon in dieser Stunde der Trauer daran gedacht wird, die Rotunde durch ein neues modernes Messegebäude zu ersetzen, dessen Errichtung tausenden fleißigen Händen Arbeit schaffen wird. Wir zerdrücken entschlossen die Träne der Erinnerung und mit beschwingtem Fuß gehen wir den uns vorgezeichneten Weg der Erneuerung und des Wiederaufbaues.

NEUE FREIE PRESSE, 18. SEPTEMBER 1937

Reichsbrücke: „das größte technische Werk Oesterreichs"

Festliche Eröffnung der Reichsbrücke

Nach vierjähriger Bauzeit wurde Sonntag vormittags die neue Reichsbrücke über die Donau im Beisein einer vieltausendköpfigen Menschenmenge im Rahmen eines Festaktes durch Bundespräsident Miklas eröffnet. Die Feierlichkeiten, mit denen die drittgrößte Kettenbrücke der Welt dem Verkehr übergeben wurde, gestalteten sich zu einem Fest gemeinsamer Schaffensfreude, die in dem großen Festzug aller am Brückenbau beteiligten sinnvoll ihren Ausdruck fand.

Zur Brückeneröffnung hatten sich schon in den Morgenstunden auf beiden Ufern der Donau tausende Zuschauer eingefunden. Dichte Spaliere säumten die in reichem Flaggenschmuck prangenden Straßen, durch die der Festzug seinen Weg nehmen sollte. Die Mengen der schaulustigen Wiener wurden durch die Insassen mehrerer aus der nahen Umgebung eingetroffener Sonderzüge und Autobuskolonnen verstärkt.

Ein Werk österreichischen Schaffens

Die Feier begann mit einer Ansprache des Handelsministers Dr. Taucher, der nach der Begrüßung der Festgäste kurz das Zustandekommen der Brücke skizzierte. Er würdigte sie als bedeutendes Werk österreichischen Ingenieurgeistes und Arbeitsfleißes und gab der Freude der Bevölkerung über die Eröffnung der allen modernen Anforderungen des Großstadtverkehrs gerecht werdenden Brücke Ausdruck. In vierjähriger Bauzeit wurde aus österreichischen Baustoffen das Werk vollendet. Der Minister dankte hiefür allen Beteiligten, sei es im Ministerium, sei es bei den Baufirmen, besonders aber den Arbeitern selbst und schloß seine Ausführungen mit dem Hinweis, daß die neue Brücke, die einen Kostenaufwand von insgesamt 31,150.000 Schilling erforderte, ein Symbol schaffender Arbeitskraft sei. In Vertretung des Bürgermeisters Schmitz übermittelte Vizebürgermeister Major Lahr die Grüße der Stadt Wien. Er schilderte die Wichtigkeit der neuen Brücke für Wien vom Standpunkt des Verkehrs und der Approvisionierung aus und wies darauf hin, daß Wien selbst ein Drittel der Baukosten beitragen konnte. Der Vizebürgermeister schloß seine Ausführungen mit einem Dank an die Bundesregierung dafür, daß sie der Stadt ein neues Wahrzeichen gegeben habe.

Die Reichsbrücke wurde während der Besatzungszeit vom 11. April 1946 bis 18. Juli 1956 zur „Brücke der Roten Armee". Unvergessen ist deren Einsturz am Sonntag den 1. August 1976 in den frühen Morgenstunden. Am 8. November 1980 wurde die nunmehr dritte Reichsbrücke eröffnet.

Schlußsteinlegung und Weihe

Hierauf begaben sich der Bundespräsident, der Bundeskanzler, der Finanzminister und der Handelsminister, der Kardinal und der Vizebürgermeister zur feierlichen Schlußsteinlegung, worauf dem Bundespräsidenten die Herren der Bauleitung und die Vertreter der Baufirmen vorgestellt wurden. Unter großer Assistenz der Geistlichkeit der Pfarre Donaustadt nahm nach der Vorstellung Kardinal Erzbischof Dr. Innitzer die feierliche Weihe der Brücke vor und würdigte in seiner Ansprache die Reichsbrücke als das größte technische Werk Oesterreichs seit dem Weltkrieg. [...]
WIENER NEUESTE NACHRICHTEN, 11. OKTOBER 1937

Bücher aus Wien

Wien-Leopoldstadt
Josef König und Hans König
978-3-89702-514-1
18,90 €

Der Wiener Prater
Ingeborg Haas
978-3-86680-099-1
18,90 €

Der Wiener Nordbahnhof
Franz Haas
978-3-86680-036-6
18,90 €

Wiener Sagen und Legenden
Elisabeth Koller-Glück
978-3-86680-534-7
18,90 €

Alt-Wien
Bildschöne Innere Stadt
Kurt Kospach
978-3-95400-277-6
12,95 €

Der Wiener Donaukanal
Vom Treidelschiff zum Katamaran
Alfred Karrer
978-3-86680-859-1
19,95 €

Weitere Bücher aus Wien finden Sie unter:
www.suttonverlag.at